好好谈恋爱

让他爱上你的15个秘诀

[西班牙] 文森 ◎ 著

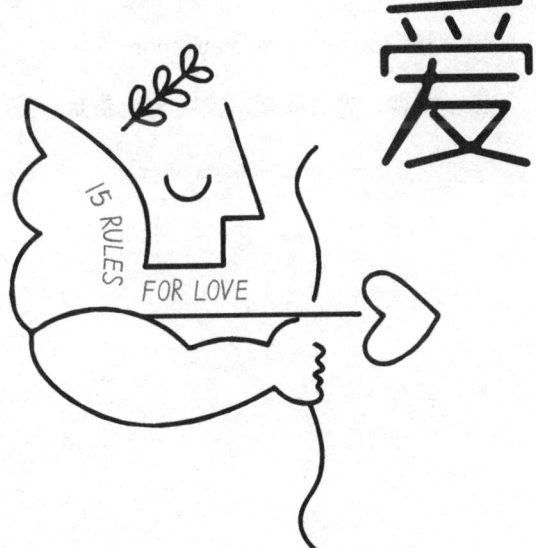

中国法制出版社
CHINA LEGAL PUBLISHING HOUSE

Para Gaki, mi musa, mi gran amor.

献给佳琪,我的缪斯,我一生的挚爱。

女神，快来领取你的礼物

为了感谢你购买本书，我为你准备了一个小礼物：我专门设计的"大爱人格：你的爱情性格是什么"心理测试。

通过了解以往的恋爱习惯和思维模式，深入分析你在感情中存在的优势和劣势，帮助你更加了解自己的爱情风格，清楚自己在爱情中通常扮演着怎样的角色，让你更加懂得自己对爱情的需求，以确保当下以及未来的感情会越来越顺利、越来越幸福。

为了免费领取你的礼物，请关注ASKVINCENT公众号，点击菜单栏的"勾搭文森"就可以找到我的微信联系方式，加为好友后，只需要和我说"我是《好好谈恋爱：让他爱上你的15个秘诀》的读者"，就可以得到我亲自发给你的礼物。

BE GREAT

文森

爱情很糟糕

爱情很糟糕！暗恋表白被拒绝、失恋、爱人出轨、自己喜欢的人不喜欢自己……为什么找到合适的人比大海捞针还要难？这个世界上真的存在"灵魂伴侣"吗？如何才能找到属于自己的真爱？就算找到真爱，又要如何才能让爱情持续一辈子？

唉，人生不会一帆风顺，爱情又何尝不是如此！就算你积极地拥抱生活、勇敢地探索爱情的美好，也避免不了遇到些许恋爱挫折。有人爱得谨慎、小心翼翼、患得患失，哪怕姿态低到尘埃里，也换不回一丝回报。有人爱得炙热、风风火火、轰轰烈烈，哪怕遍体鳞伤也不退缩。可是，无论多少次为爱受伤，一路跌跌撞撞，人们依旧不断地苦苦追寻爱情。

从古至今，浪漫的爱情都令人心向往之。人人都想拥有美好的爱情，可是，并不是每个人都能够拥有。这就好比财富，理论上每个人都可以拥有，可现实中，也总有富人和穷人之分。同理,在感情中,有懂爱情的人和不懂爱情的人,有爱情的"富人"和爱情的"穷人"。

如果说幸福是一家瓷器店,那么爱情就是破门而入的野马。不懂得驾驭这匹野马,就很容易损坏店里的瓷器。因此,成为一个懂得好好谈恋爱的爱情的"富人",将是影响人生幸福的关键因素。[1]

精神分析学派创始人西格蒙德·弗洛伊德(Sigmund Freud)说过,爱情和工作,就是生活的全部了。但我们也需要健康(没有它,再好的爱情和工作也都无法享受),于是幸福的公式就变成了:

幸福=爱情+工作+健康

这本书主要分析幸福公式的第一组成部分:爱情。当然,你也要保持健康,并找到让你感到有意义的工作。本书写作的目的,就是让你在探索爱情的道路上少走弯路。我在年轻时多么希望有这样一本书,如果我有女儿,这也是我希望她可以认真阅读的一本恋爱指南,

---

[1] Vaillant, G. (2002). Aging well: surprising guideposts to a happier life from the landmark Harvard study of adult development. Boston: Little Brown & Company.

这本书可以避免她浪费大好时光，也能够在未来的寻爱之路上为她省去很多麻烦。

直至今日，恋爱这门课都是要靠自学的。在中国也好，在西班牙也罢，没有人教我们该如何成为一个爱情的"富人"：如何吸引喜欢的人、如何选择对的伴侣、如何让感情更顺利、如何避免搞砸美好的关系，如何正确地爱与被爱。人们都靠着一股韧劲儿追寻幸福，摸着石头过河，用"试错法"试图搞清楚爱情这件复杂的事儿。

可是，你的时间实在太宝贵了，用"试错法"谈恋爱的效率也太低了，很容易一不小心就浪费自己的青春，又错失了真爱。

高中老师不会教我们谈恋爱，学校也不存在恋爱教科书。大家都在忙着补课、学习英文、攻读学位……通过提高学历，努力让自己更优秀。这些都没有错。但学历再高、简历再优秀，也决定不了一个人是否能拥有一段美好的感情。想要当公司的CEO，要懂得企业管理；想要英文流利，要好好学英文；想要爱情顺利，要学习恋爱的艺术。

这些年来，我被问到过各种各样的情感疑难问题

（包括一些你无法想象的），但最终，一切都可以归结为一个具体的问题——如何好好谈恋爱？为了提供一个最佳的解决方案，我总结了十多年情感咨询案例的经验以及运用了大量的科学研究依据，提炼出好好谈恋爱的15个法则。

这是一本没有情感鸡汤的恋爱指导书，用犀利直白的语言、通俗易懂的方法，帮你认清两性世界中的真相。让你懂得男人、懂得爱情，更轻松地拥有你渴望得到的幸福。读完这本书，将15个恋爱法则在自己的爱情中践行，从此做一辈子爱情的"富人"。

著名哲学家弗朗西斯·培根（Francis Bacon）说过，爱令人智昏，要爱情又兼有理性是不可能的。法国小说家奥诺雷·巴尔扎克（Honoré Balzac）也认为爱情是理性的放纵。可是，难道真的无法用理性的方法明智地爱吗？在此，我要反驳他们。爱情需要理性，爱情中也可以保持理性。这也正是本书的宗旨之一——在保持理性和智慧的同时，收获甜蜜幸福的真爱。

毫无恋爱经验的"小白"、暂时单身的人、热恋中或已婚多年的女性，都可以随时查看这本恋爱指南，并从中获益。

读完这本书，你就能知道自己在感情中是否存在不足，并及时改正；哪些方面还需要提高，并知道如何努力提高。我的无数个学员已经实践了这些法则，并成功获得了自己想要的幸福爱情。每天最令我欣慰的事情莫过于收到来自世界各地的人的好消息，也欢迎读完这本书的你与我分享你的成长与反馈。

　　如果一本好书意味着至少能够从中获得一个改变一生的想法，那么，我希望本书的15个恋爱法则都能够让你受益终身。

　　*声明：本书采用学员真实案例，为了保护其隐私，文中出现的人名均为化名。

PART 1　ATTRACTION SECRETS ｜吸引力的秘密

第一章　了解男人的真相：知己知彼，百爱不殆..... 3

　　　　The Truth About Men..... 3

第二章　爱情是一件公平的事：为了得到你想要的爱情，你得配得上它..... 23

　　　　Deserve The Relationship You Want..... 23

第三章　培养长期吸引力：让男人离不开你..... 43

　　　　Create Long-Lasting Attraction..... 43

1

PART 2　BE THE PRIZE ｜激发男人的征服欲

第四章　做一个有神秘感的女人….. 71
　　　　Make Him Desire You….. 71

第五章　让他努力：成为男人想征服的"黄金女神"….. 89
　　　　Effort Adds Value….. 89

第六章　爱情博弈论：别过早"伺候皇帝"….. 103
　　　　Play The Game Of Love….. 103

第七章　真爱没有直飞航班：掌握亲密关系的节奏….. 116
　　　　Don't Rush Something You Want To Last Forever….. 116

目录

PART 3　BALANCE LOGIC & EMOTION ｜ 平衡理性与感性

第八章　驾驭感性的野马：做一个清清楚楚的当局者..... 133
　　　　Love With Both Your Heart And Your Brain..... 133

第九章　喜欢与合适是两回事：开启你的主观价值雷达..... 158
　　　　Not Everything You Like Is Good For You..... 158

第十章　做一位聪明的投资者：喜欢那些珍惜你的人，在那些在乎你的人身上投入感情..... 172
　　　　Invest In Someone Who Invests In You..... 172

第十一章　让男人害怕失去你：舍得离开的力量..... 189
　　　　Embrace The Power Of Walking Away..... 189

PART 4　CHOOSE WISELY　｜选对人

第十二章　先瞄准，才能射中男神心：绘制你的择偶金
　　　　　字塔..... 211

　　　　　Aim At The Right Target..... 211

第十三章　小心达·芬奇偏见：掌握眼高手高的 FLOW..... 229

　　　　　Beware Of The da Vinci Bias..... 229

第十四章　尽快淘汰错误的人：戒"渣"的艺术..... 247

　　　　　Get Rid Of Mr.Wrong Fast..... 247

第十五章　莫失良机，真命天子不会永远等着你：好好珍
　　　　　惜你的 Mr.Right..... 271

　　　　　Don't Miss Mr. Right Looking for Mr. Perfect..... 271

学员评价 290

PART 1

ATTRACTION SECRETS
吸引力的秘密

第一章
了解男人的真相
The Truth About Men

~~~~~~~~~~~~~~~~~~~

知己知彼,百爱不殆

太过信任,你或许会受骗,然而终日怀疑,你会饱受痛苦。——弗兰克·克莱恩（Frank Crane）

"老师，我想做个渣女"

这是Momo在第一次找我做咨询时的开场白。

作为情感导师，这些年来，我见过各种各样的奇葩案例和较为特殊的情感状况，但还从来没有一个人如此认真地告诉我，她的目标是做一个"渣女"。

压抑住心中的疑惑和惊讶，我问她为什么会这样想。

"唉！老师，谈恋爱太累了！男人没一个好东西，我遇到的不是渣男，就是骗子。男人都是负心汉！我也想和他们一样不在乎别人的感情，变得'百毒不侵'。"Momo满是抱怨地回答道。

我明白了，立志做"渣女"只是她的气话。和她沟通过后，我了解到，一年以来，她和男友的关系都处于分分合合的状态，对方的态度也忽冷忽热。开心时，两个人爱得轰轰烈烈；闹矛盾时，则恨得咬牙切齿、势不两立。如果要形容他们的感情，我能想到最贴切的词莫过于"过山车"了——他们忽上忽下、兜兜转转，最终一切又回到起点，恋爱关系结束。这一次，男生喜寻新欢，Momo特别生气。

虽然她的"目标"比较特别，但她的经历和感受并不罕见。总有一些女生，每每遇到渣男、感情不顺、因爱受伤，就会一概而论地感叹："男人都是负心汉。"

你可能听到过一些这样的话。可能是闺密被劈腿时向你抱怨，可能是在电影和电视剧中见到这样的台词，甚至很有可能你自己也说过这样的话。

那么，问题到底出在哪里呢？

男人都是"垃圾"，女人都"拜金"？

近几年，西方的一些男人有了一种新的想法，他们的主要立场是告诫男人要杜绝与女人的婚恋关系。他们认为是女人的拜金和精于操纵等原因致使两性关系失衡，因此拒绝对女人负责，断绝提供一切可能被利用的自身资源，认为为了避免被女人利用，男人应该和女人保持距离。从此，这些人踏上了男人的"自行之路"。[1]

---

[1] Ribeiro, M., Blackburn, J., Bradlyn, B, Cristofaro, E., Stringhini, G., Long, S., Greenberg, S. and Zannettou, S. (2020). The Evolution of the Manosphere Across the Web.

"女人都拜金"的想法在他们的脑海里根深蒂固，这让他们只能选择封闭自我，一边愤恨女人，一边在生活里独享孤独。

也许你会觉得这些男人太可怕了（我并不会否定这一点），可是同样，不少女人也像他们这般极端地憎恨着异性。仇视异性并不是对当代社会两性差异最成熟、合理的认知。

从生理和心理的角度看，男女之间的确存在很多差异，因此，两者在互动中总会产生一些矛盾，这是避免不了的。但是，也正是因为这些差异，双方才造就了完美契合的互补搭配。

除非你也想走"女人自行之路"，脱离恋爱、远离异性，一个人过一辈子，否则，这种对男人的消极想法对你没有什么好处。想要找到幸福的爱情，就要摆脱这种"男女是敌人"的念头。

修身、齐家、治国、平天下

男人讨厌女人，女人嫌弃男人——如果所有人都这样，你能想象世界会变成什么样子吗？这种对立一旦越来越尖锐，将会是一个很大的问题。

解决方案是什么呢？中国古人很明事理，早早地告诫了后人：

古之欲明明德于天下者，先治其国；欲治其国者，先齐其家；欲齐其家者，先修其身；欲修其身者，先正其心；欲正其心者，先诚其意；欲诚其意者，先致其知，致知在格物。

物格而后知至，知至而后意诚，意诚而后心正，心正而后身修，身修而后家齐，家齐而后国治，国治而后天下平。

——《礼记·大学》

没错，从个人层面开始，建立好的关系，然后才能建立好世界的根基。如果你的个人品行好，找到的伴侣也不会差，你们建立的家庭也会和谐幸福。家庭好、社会好、国家好，全世界才会好。这里的三种元素都相对独立，却紧密相关，互相影响。

如果这个世界充斥着憎恨女人的男人、怀疑男人的女人，双方互相嫌弃和讨厌、各自为敌，就会有越来越少的人愿意组建家庭，他们所建立的家庭也更难和睦。

家家难和睦就会导致社会混乱，国家也不会稳定。每个国家都如此，那世界会变得多么糟糕！

因此，"男人都是垃圾，女人都拜金"的观点毫无可取之处。所以，想要好好谈恋爱，请从不讨厌异性开始。

为什么找不到好男人？欲加之罪，何患无辞

女生在感情中碰过壁、受过伤，很容易对所有男人产生下意识的戒备、埋怨与猜疑，放任自己被过去不好的经历影响。她们始终戴着有色眼镜来看待身边的异性，这并不公平，也不是一个利己的好办法。

我们举一个例子。

假如你最近遇到了一个看起来很不错的男士，对他十分有好感，但实际上他因为上一段感情受伤不浅。发现女友出轨分手后，他现在对所有女人都心存疑虑，认为女人都是"狐狸精"，居心叵测、无法信任。

了解到他的这些内心活动后，你会作何反应？你知道自己十分忠诚靠谱，也没有犯任何错误，而对方存在的一切怀疑和负能量都是他自己的问题。你还会很想和他交往吗？你还愿意努力向他证明你和他刻板

印象中的女人不一样吗？还是你不想浪费时间，更希望选择跟一个对异性没有那么多偏见，能带给你更多正能量的人在一起？

一个想拥有幸福爱情的人，用这样的想法来面对异性或一段感情，就相当于在为自己煲一锅美味的有毒鸡汤却不自知。这完全是自找麻烦、自我设限。

想要时刻擦亮双眼、小心谨慎地筛选另一半并不是坏事，但这些消极的偏见对你却是有百害而无一利的。这不但会阻碍你遇到真正心仪的男生，还可能会让你被那些你口中所谓的"渣男"吸引。为什么？

我们的大脑中有一种神经元网络叫作 RAS（Reticular Activating System）——网状激活系统。这个RAS系统就好比人类大脑中的浏览器，搜索所呈现的结果取决于我们的脑部中枢系统专注于哪种类型的搜索。它就相当于用来处理大脑收集的信息的过滤网，自动筛选我们认为重要的关键信息，忽略我们觉得无关紧要的东西。简而言之，RAS系统就是我们的注意力中心。

更形象地说，如果你是美容师，当你认识新的人时，你就会着重观察他们的皮肤和指甲，而这些可能是别人注意不到的细节；如果你是建筑师，在外面走路时，你会经常注意到房屋的结构以及建筑材料等细节，这恰巧也可能是别人容易忽视的。你可能遇到过这样的情况，在你买了某个名牌包后，突然发现很多人也开始拎着同一个牌子的包。其实，与你背同款包的人数并没有突然增加，只是你的RAS系统被调整为专注于这款包而已。这就是所谓的"锤子在手，看什么都是钉子"，你的注意力在哪里，决定了你能看到什么样的现实。

因此，如果一个女人曾在感情中受骗，把心托付给了一个不爱自己的人，结果搞得她再也无法相信任何男人。她的RAS系统为她筛选、保留了"男人都是骗子"的信息画面，使她除了"渣男"看不到其他男人的存在。当然，这仅仅是她的个人感知，事实并不是这样。她的RAS系统使她完全遗漏了好男人的信息。

过去经历的情感破裂导致人们害怕去相信他人，这种心理被称为"信任恐惧症"（Pistanthrophobia）。不轻易相信自己不够了解的男人是对的，在接下来的几章中，我会强调慢慢谈恋爱的好处以及认真筛选另一半的方法。可是，不着急把你的心交给对方，与认为男人都是无法信任的"渣男"，是两回事。

你不能盲目地信任对方，但最起码，在他表现得还不错、没有犯任何错误时，需要相信他是无罪的。在乔治·西默农（Georges Simenon）的《猜疑》一书中，本是无辜的男主人公被怀疑强暴并杀害了借宿家中的妻子好友的女儿——贝尔。他成了"贝尔之死"事件中千夫所指的嫌疑人，所有人都怀疑人是他杀的，他时时刻刻活在被传唤的压力下，以致有一天夜里，他犯下了"万众所期"的那桩罪行。因为他知道，无论如何，从今以后，人们都会确信他是有罪的。

在一段感情中，一个原本对你一心一意的男人若总是受到怀疑、猜测与指责，无论他做什么事情总能被挑出毛病，如果他真的问心无愧，却被几经指控犯有一些"罪名"，那他可能真的会无可奈何，甚至最终按照你贴给他的标签去做"坏事"。因为，他知道，无论他做与不做坏事，在你的眼中都会被定义为"不可信的渣男"。欲加之罪，何患无辞。这样做只是庸人自扰，最终只会让好男人离你越来越远。

人们之所以会对他人产生这样或那样的负面偏见（Negativity Bias），是因为人们对负面信息有更强烈的敏感性。研究发现，我们的注意力更多集中在负面信息而非正面信息上。[1] 比如说，相比愉快的事情，人们关于不愉快、创伤性的事件的记忆更多。[2]精神心理学家里克·汉森（Rick Hanson）用一个很形象的比喻描述负面偏见：面对快乐顺心的事情，我们的大脑就像不粘锅，不留下任何痕迹，貌似认为好的事情都是理所当然的；反而，那些不愉快的事情会像魔术贴一样紧抓着我们不放，让人难以忘记。

从进化的角度看，这种偏见之所以存在，是由于生存的需要而不得不更加注意危险的事情。沐浴在森林的阳光下、吹吹温柔的暖风，观赏美丽的植物是很惬意的享受，可是为了活下去，还不如注意附近有没有老虎和黑熊。因为仅关注于正面因素而忽略潜在危险的人，最终会被野兽吃掉。一丁点的闪失和差错，都容易导致丧命。所以，人类倾向于看重负面因素，这是可以理解的。

很少有人能够从负面偏见中幸免，我也不例外。在我的一个视频的评论中，可能有200条夸赞我和感谢我的留言，但我也不得不经常会更加注意唯一的负面

---

[1] Rozin, P. and Royzman, E. (2001). Negativity Bias, Negativity Dominance, and Contagion. *Personality and Social Psychology Review*, 5(4), pp.296-320.
[2] Baumeister, R., Bratslavsky, E., Finkenauer, C. and Vohs, K. (2001). Bad is Stronger than Good. *Review of General Psychology*, 5(4), pp.323-370.

评论。你也许有10个崇拜你的追求者，但你的注意力都放在了唯一对你不感兴趣的那个男人身上。你也可能拥有过十分美好的爱情经历，但在遇到那个让你心碎的"渣男"后，这种负面偏见就占据了整个大脑。

因此，人们一旦清醒过来就会发现这些负面信息都只是偏见，现实并非如此。负心汉当然存在，只不过，大部分男人不是负心汉。

我并不想为"渣男"开脱，也不想替好男人打抱不平，只是真心希望能够帮助每一个女生找到属于自己的幸福。所以，如果遇到过"渣男"，或者有过让你伤心的感情经历，你要知道的是，你的过去不决定你的未来，未来只有你自己能决定。以前遇到的是"渣男"？没问题，下次机敏一些，你会作出更明智的选择。关于这方面，在本书的第四部分，我会教你如何选对人，确保永远不会让"渣男"走进你的生活。

好男人多得很，适合你的男人也很多。并且，别忘了，你只需要找到一个好男人就够了。

那么，在不仇视男人的同时，也不妨探究一下男人的真相，了解男人的生理与心理是如何影响他们在情场上的行为的，做到"知己知彼，百爱不殆"。

手持机关枪的猎人

据说,第30任美国总统卡尔文·柯立芝(Calvin Coolidge)曾与夫人一同前往一家家禽农场参观。到达之后,两人分头参观。柯立芝夫人疑惑:鸡舍的公鸡屈指可数,是如何产出如此多能孵育的鸡蛋的?于是便向农场主询问。农场主自豪地解释道,这里的公鸡每天都要执行交配职责几十次。

"这可真有意思,"第一夫人强调道,"请将这个告诉柯立芝先生。"

农场主将夫人的话转告总统,柯立芝听到后,问农场主:"每次公鸡都是为同一只母鸡服务吗?"

"当然不是,"农场主回答道,"有许多只不同的母鸡。"

"那么,也请把这个转告柯立芝夫人。"总统回答道。

美国动物学行为学家弗兰克·A.比奇(Frank Ambrose Beach, Jr.)于1955年引用这个故事并提出了"柯立芝效应"(Coolidge Effect)这一概念,[1]

---

[1] Ventura-Aquino, E., Fernández-Guasti, A. and Paredes, R. (2018). Hormones and the Coolidge effect. *Molecular and Cellular Endocrinology*, 467, pp.42-48.

用来形容雄性动物对于新出现的异性有较高的交配意愿，反而会对周遭已有过交配经验的异性进入"性不应期"，在这段时间内会短暂地失去与之交配的兴趣。[1]

"柯立芝效应"首先在大鼠的行为实验中得以体现。实验人员将一只雄性大鼠与四五只处于发情周期的雌性大鼠放入同一个盒中，雄鼠会出于本能立即与不同的雌鼠进行交配，直到精疲力竭。在雄鼠养精蓄锐的阶段，无论雌鼠如何"取悦"或"勾引"雄鼠，雄鼠始终不为所动。但当一只新的雌性大鼠被放入盒中时，雄鼠会马上与新来的雌鼠进行交配。[2] 雄性大鼠这种"喜新厌旧"的行为，此后在许多其他哺乳动物和鸟类中都得到了证实。

那男人这种动物呢？

一项关于一夜情的调查结果显示，80%的男人对一夜情有积极的感受；然而女人却只有54%。[3] 在另一

---

[1] Steiger, S., Franz, R., Eggert, A. and Müller, J. (2008). The Coolidge effect, individual recognition and selection for distinctive cuticular signatures in a burying beetle. *Proceedings of the Royal Society B: Biological Sciences*, 275(1645), pp.1831-1838.

[2] Beach, F. and Jordan, L. (1956). Sexual Exhaustion and Recovery in the Male Rat. *Quarterly Journal of Experimental Psychology*, 8(3), pp.121-133.

[3] Campbell, A. (2008). The Morning after the Night Before. *Human Nature*, 19(2), pp.157-173.

项实验中,在大学校园里,有学生被好看的异性搭讪,还被问到想不想与对方发生关系。结果呢?75%的男学生同意了,你猜猜有百分之多少的女学生同意了——答案是0%![1]

实验结果显示,无论国籍、人种和文化背景有何不同,一部分男人总会表达出想要与更多女人发生关系的愿望。与男人相比,在发生关系后,女人会表现出更多的担忧,也比男人更能感到情感上的脆弱。[2]为什么男女之间有这些看起来"不太平等"的区别呢?研究两性关系的人,经常会在进化心理学中找到答案。从进化心理学的角度来看,这种差异的目的是使女人对参与性关系持谨慎态度,尤其是与不愿对其投入时间、感情和资源的男性发生关系。[3]数万年以来,男人和女人都采取了不同的性策略。一个关键的原因就是性关系,在心理和生理方面,对男女的影响是截

---

[1] Clark, R. and Hatfield, E. (1989). Gender Differences in Receptivity to Sexual Offers. *Journal of Psychology & Human Sexuality*, 2(1), pp.39-55.
[2] Salmon, C., Townsend, J. and Hehman, J. (2016). Casual Sex and College Students: Sex Differences and the Impact of Father Absence. *Evolutionary Psychological Science*, 2(4), pp.254-261.
[3] Buss, D. (1989). Conflict between the sexes: strategic interference and the evocation of anger and upset. *Journal of Personality and Social Psychology*, 56(5), pp.735-747.

然不同的。

　　女人的性策略可以用一个词来描述：挑剔。性行为可以导致女人怀孕，所以，性关系对于女人来说意味着更大的投入。因此，女人不得不谨慎地来选择与她发生性关系的男人。如果她随便选择，或者选择不好，比如与一个带有"不良基因"的男人发生关系，她的后代也会相对的"弱"；再或者，如果选择一个不靠谱的男人，女人要承担被抛弃的风险，独自一人抚养后代。对女人来说，如今遇到这种情况可能会非常困窘，更不用说几千年前。反而，因为挑剔而选择到一个"基因优良"又靠谱的男人，她的后代也会大概率地遗传到更良好的基因，男人也因为靠谱负责而留在她的身边，为后代提供安稳的成长环境，从而也会大大提高后代成功的可能性。

　　一直以来，女人如果作出错误的伴侣选择，往往会付出比男人相对高的代价。所以，女人的性策略是筛选，尽自己所能地选择最好的男人。可以认为，女人会采用狙击枪策略。

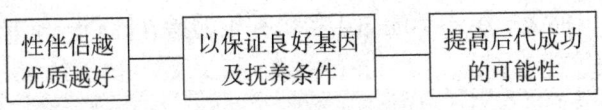

那男人呢？性关系对于男人来讲，在生理方面并没有什么太大的后果。男人当然不能怀孕，因此，男人不像女人那么挑剔。如果说女人寻找的是质量，那么男人寻找的就是数量。所以，男人的性策略就是机关枪策略。我们来看一下男人的性策略是怎样演化而来的。

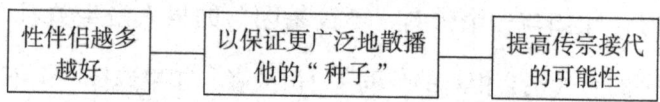

女人通常产生的配子（卵子）数量要比男人少得多，并且每一个配子的投入都很大。男人会产生更多的配子（精子），而对每个配子的投入很少。由于女人配子投入成本高昂，因此女人比男人更愿意认真地筛选性伴侣。

男女之间性策略的不同，也致使在两性关系中，男人往往扮演追求者、女人往往扮演筛选者的角色。男人像机关枪一样"开火"，尽可能多地追求不同的女生，直到"打中"一个。女人则像狙击手，在一堆追求者中瞄准好再"开火"，筛选出最佳人选。

了解了男女之间的这一差异，就更容易看清现代两性关系中的很多现象。

那么，狙击手能与手持机关枪的猎人拥有一段专一且稳定的感情吗？

培养好男人

你当然可以找到一个专一又靠谱的男人。进化心理学的解释有利于我们了解很多两性关系的真相，但是我们早已不处在穴居人时期。男人并不是实验室中的"雄性大鼠"，我们不要让"柯立芝效应"一手毁灭找到幸福爱情的美好愿景。因为，首先，大部分男人没有资格当鸡窝里唯一的大公鸡。对他们来说，最佳策略是将自己的心思集中投入在一个伴侣上。其次，作为更高级的雄性哺乳动物，当遇到合适的异性时，男人有与之建立情感纽带的能力。

在现代婚姻市场中，许多男人依然会寻找数量更多的女生，但在此过程中，当遇到一个优质且合适的女生时，大部分男人也会尽全力试图"锁定"她。有的男人可能会经历一个希望和更多异性交往的时期，但是，大多数男人和女人一样，早晚也想安定下来。到了一定时期，他们还是希望可以找到一个相爱的人，与之共度一生。找到一个有长期吸引力、能够互相信任、有强烈的情感纽带的伴侣来分享生活的点滴美好，这也是男人梦寐以求的幸福。

当然，男人愿意忠于一个女人的最关键因素是——

这是优质女人的要求。

男人心里清楚,"高价值女神"是有要求的。如果想要和她在一起,他不得不专一地付出和投入感情,否则是不可能得到女神的青睐的。所以,愿意认真投入感情的男人,更有机会选择更优质的伴侣。

一个男人会在女人身上投入多少、是否认真对待感情、是否愿意付出承诺,在很大程度上都由女人来决定。女人才是这段关系的裁判,而他是否能够成功晋级,取决于女人的评判,因为入围标准是由她们来制定的。

假如世界上所有女人制定的统一标准是:为了能和她在一起,他必须追求她6个月,每天联系她,带她去吃饭、旅行,给她送礼物,全世界的男人也只能依规定而行,否则就只能打一辈子光棍。那么,同理,如果女生的标准是只要男生和她见面就选择和他在一起,他什么都无须投入,那男人当然求之不得。

你要知道,女人才是掌握关系主动权的那一方,通过你们制定的标准,可以使男人认真对待感情。你对男人有怎样的要求,就会被怎样对待。一旦你的标准和底线确立,男人就只剩下两种选择:要么知难而退,要么给你想要的专一和投入。

培养出好男人还是坏男人,你说了算。

向现实投降,但做好你的作业

世上总有奸恶之人存在,有的男人只想占女人便宜,有的女人只想利用男人,这是现实。女人可能会遇到居心不良的"渣男"、自恋狂等,这是概率性事件,是生活在这个地球上的人避免不了的事。

但咬到一个烂苹果,并不代表世界上所有的苹果都是烂的,也不至于从此对苹果弃而不食。你要做的是把烂苹果彻底扔掉,并且确保下次自己会认真挑选,不再急着把苹果买回家,更不急着一口咬下去。如果遇到一个"烂男人"呢?坚决地扔掉他。但请不要把所有男人都一并扔进垃圾桶。否则,误扔掉了你的"真命天子",就真的太可惜了……

想要好好谈恋爱,没有必要当"渣女"。你只需要做好你的作业:有识人的慧眼、有清楚的底线、去芜存菁、淘汰"渣男",然后选择一个合适的另一半。

读懂男人,读懂自己,读懂两性世界的游戏规则,你才能做到"知己知彼,百爱不殆"。这本书就是为了教你做到这些。世界上总有"渣男"存在,但你无须因此焦虑,因为你根本不会让他们进入你的生活。

了解男人的真相,但别与他们为敌。

第二章
爱情是一件公平的事
Deserve The Relationship You Want

为了得到你想要的爱情,你得配得上它

配得上你的梦想。——奥克塔维奥·帕斯(Octavio Paz)

爱情的公平

凌晨12点，我的手机突然被"轰炸"了。28条信息来自同一个女孩——Maggie。她很难过。最后一条是一句很痛苦的感叹："唉，世界对我太不公平了！"

家人为Maggie安排过几次相亲，她每次都觉得特别无聊，对每一个相亲对象都毫无感觉。这次妈妈又介绍给她一个同事的儿子——Neil。她并没抱太大的期望，但为了让父母放心，她还是选择和他见面。没想到的是，Neil各方面条件都很优秀，且正好是她喜欢的类型。

他们一边吃饭，一边聊天，从Maggie掩藏不住上扬的嘴角就能发现，她深深被他吸引了。直至告别，Neil一直都表现得十分绅士和体贴，她真的很高兴。回家的路上，她的脑海里都在憧憬着与他恋爱的美好未来。将来，他会浪漫地表白、他们一起去欧洲旅行、她的闺密会因为自己找到了一个优质男人而偷偷嫉妒，她甚至已经想象了他们的婚礼会是什么模样。她已经迫不及待地期盼着两个人关系的进一步发展。可惜事与愿违，自从上一次的见面后，Neil就再也没有主动联系过她。这让Maggie很焦虑，但她不想那么快就放弃，所以主动约了他几次，但也只是收到了礼貌却敷衍的回应而已。

初步看来，Neil对Maggie并不是特别感兴趣。

"我很想和他继续这段关系，他为什么不喜欢我呢？我的条件也不错，太不公平了！"她愤愤地说道。我尽量用温柔的语气向Maggie表达了"残忍的真相"。我相信，看清现实总好过自欺欺人，哪怕短期内会痛苦一些。虽然在理性层面她明白了有时候自己喜欢的人不喜欢自己，但还是感叹世道不公。

难道爱情还讲究公平吗？我们很少会把爱情与公平联系起来，两者貌似很难共存。两者一个崇尚浪漫，一个崇尚理智，一个讲求感性，一个讲求理性。但其实，爱情比我们想象的要公平多了。客观地分析Maggie和Neil的情况，一切都算"公平"。

首先，我看了这个男生的照片，他长得棱角分明，阳光帅气，应该是很多女生都会喜欢的类型。他的工作也不错，美国名校MBA毕业，是个投行精英。Maggie用"温文尔雅"描述他十分合适。

那Maggie呢？她相貌平平，可能称不上大美人，但也算得上是耐看的人。她学历不错，工作也不差，在当地拥有一家美容会所。

描述到这里，看起来他们的条件差异并不大，甚至属于"门当户对"。问题是，传统的"门当户对"观念也存在一些问题，因为爱情不仅仅是对双方经济条件的比较。

Maggie认为自己学历高、事业有成、经济独立，对方不想和她在一起实在是不合理。不巧的是，Neil寻找的是结婚对象，而不是公司的一名员工。在下一章的内容中，你会了解到具体哪些特征才是真正能长期吸引男人的。现在我们先来看看，为什么Neil没选择和Maggie继续发展？

是因为她不够漂亮吗？当然有可能。但是，在看过他们的聊天记录后，我明白了问题到底出在哪里。也许因为在多次无果的相亲后终于遇到了一个心仪的对象，Maggie从一开始就显得很着急，很快暴露出她对Neil强烈的兴趣和需求度（在只见了一次面的情况下）。很有可能是她的"急性子"让男生对她失去了好感。这是其一。

除此之外，她的聊天技术尚有待提高。要么都是"奶奶式"的关心和问候，"天冷了，记得多穿点""明天下雨，别忘记带伞""不要熬夜了，对身体不好"，要么就是"调查户口式"的提问回答，让对话很难继续。她和我承认，见面时她很紧张，始终担心如果没有聊天话题会很尴尬，就想方设法地找话题以继续聊天。于是使第一次约会变成了一场无聊的"工作面试"。最终的结果是 Neil 对她不感兴趣。

我们来总结一下：她相貌平平、过于主动、急于求成、聊天无趣。基于这一系列的因素，对方无法对 Maggie 产生感觉，也情有可原。也许他认为 Maggie 人很好，只是不会喜欢上她。

面对期待中的爱情，很多人会如同 Maggie 一般，因为自己喜欢对方，就认为对方也应该喜欢自己。可惜的是，爱情不是如此发展的。

一个巴掌拍不响

我经常会收到一些商务合作的邮件，希望我在视频内容中推广他们的产品。有一次，一个墨镜品牌联系到我，说很想合作。出于对粉丝负责的态度，我一向对广告有十分严格的把控。了解到对方品牌的名誉和产品的质量后，我婉拒了。但对方品牌的负责人很坚持地联系我，想要讨论接下来合作的细节，甚至都替我想好了剧本台词。我再一次礼貌拒绝："不好意思，我目前不考虑此类合作，谢谢！"她接着说："可是我们真的很想和你合作呀！"

我受宠若惊，但是，想要达成合作，只有单方面存在意愿，恐怕意义不大。合作也好，恋爱也罢，都需要两相情愿才行得通。重点是，如何才能让双方都愿意？如何让对方也想要和你好好谈恋爱？

为了回答这些问题，我想引用亿万富翁沃伦·巴菲特（Warren Buffett）的合伙人——查理·芒格（Charlie Munger) 的名言：

To get what you want, you must deserve what you want.

The world is not yet a crazy enough place to reward a whole bunch of undeserving people.

为了得到你想要的，你得先配得上它。

这个世界还没有疯狂到去奖励一群不值得的人。

这两句话是生活的重要法则，同时，也完美适用于感情之中——为了得到你想要的爱情，你得先配得上它。这就是爱情的"公平法则"。

回到Maggie的故事：她很喜欢Neil，想要和他进一步发展为男女朋友。但通过客观分析，对于Neil来说，Maggie可能无法实现他眼中的价值匹配。每一个人都想找到更优质的恋人，男人也不例外。如果他明知道自己可以找到更漂亮、更懂男人、更自信、更谈得来、更有内外魅力的伴侣，那为什么要选择Maggie呢？ Neil没有选择她，也不能说是不公平。恰恰相反，也许这才是爱情的公平之处。

在感情中，什么样的女生总能得到自己想要的？答案是有魅力的女人。不同研究证实（常识也告诉我们），魅力值高的女人通常能嫁给社会地位高、经济条件好的男人。[1-2] 毕竟男神也在寻找女神。你喜欢的男人越优秀，你越需要提高自己的魅力。你越有魅力，越能成功吸引你的理想伴侣。你越优秀，越有权利选择更加优秀

---

1 Udry, J. and Eckland, B. (1984). Benefits of being attractive: Differential payoffs for men and women. *Psychological Reports*, 54(1), pp.47-56.
2 Taylor, P. and Glenn, N. (1976). The utility of education and attractiveness for females' status attainment through marriage. *American Sociological Review*, 41(3), pp.484-498.

的另一半。

在现代两性婚姻市场中,"门当户对"早已不是一个仅仅局限于家庭出身、社会地位和经济条件的狭隘定义。两个人是否真正"门当户对",更需要看双方的婚姻市场价值(综合魅力值)是否匹配,这才是重点。

有一个理论叫作"配对假说"(Matching Hypothesis)。该理论认为,人们更倾向于与同等魅力的人建立并成功保持长期关系。[1-2]的确,男女都对具有相似价值观、智力水平以及性格特征的伴侣表现出强烈的偏爱,这种现象也被称为"同质婚配"(Homogamy)。有这些相似特征的人通常会成功配对。[3]综合魅力值10分的男人会和同样得10分的女人情投意合,综合魅力值6分的男女也会一拍即合。[4]

所以,现代的"门当户对"更是一种综合魅力值

---

[1] Kalick, S. and Hamilton, T. (1996). The matching hypothesis re-examined. *Journal of Personality and Social Psychology*, 51(4), pp.673-682.

[2] Berscheid, E., Dion, K., Walster, E. and Walster G. (1971). Physical attractiveness and dating choice: A test of the matching hypothesis. *Journal of Experimental Social Psychology*, 7(2), pp.173-189.

[3] Wilson, G., Cousins, J. and Fink, B. (2006). The CQ as a predictor of speed-date outcomes. *Sexual and Relationship Therapy*, 21(2), pp.163-169.

[4] Buss, D. (2003). *The evolution of desire: Strategies of human mating. Revised ed.* New York: Free Press.

上的对等。不过，这不仅仅是由外在魅力决定的。外在吸引力处于不同水平的男女也能够很好地配对，但这基于其他条件补偿了外在魅力差距的情况下。例如，一个相貌平平，但是高情商且懂得男人心思的女人，可能会与一个幽默风趣的帅哥走到一起。一个没有俊俏外表，但是事业成功、有一定的财富和社会地位的男人，可能会与一个年轻漂亮的女生在一起。[1]虽然他们的外在魅力存在差异，但整体的婚姻市场价值相对平衡，这段关系也更能保持长期稳定。

配偶失调的后果

我们假设一下，如果Neil愿意和Maggie继续交往，他们会就此过上幸福快乐的生活吗？答案是，很有可能不会。如果双方的婚姻市场价值相差悬殊，那么在接下来的相处中就很容易有麻烦。就算他们在一起，矛盾也很快会浮现出来。Neil可能会开始尝试寻找方法使这段关系"公平"起来。如果他认为自己的婚姻市场价值更高，由于与Maggie在一起而"牺牲"了与其他更优

1　Myers, D. (2009). *Social psychology*. 10th ed. New York: McGraw-Hill Higher Education.

质的女生在一起的机会，他心里会逐步地积累不满。因为选择了"次优"的伴侣，他需要找到让这段关系更加平衡、让自己内心更加踏实的手段，以弥补自己的"牺牲"。他可能从慢慢开始减少对她的投入，变得懒得沟通，越来越容易忽略她的感受，甚至可能会开始和其他女生关系暧昧，甚至出轨。

大量的研究证实，如果双方的婚姻市场价值差异大，就会导致出轨风险增加、关系不稳定，最终关系结束的概率更高。[1]这就是"门当户对"的重要所在。如果一方与另一方的价值差距较大，就可能总担心较为"优质"的一方会选择离开或出轨；如果自己比对方的价值高太多，也容易担心自己与对方在一起是否吃亏，因为自己可以找到更好的人。由婚姻市场价值的差异，演化为恋爱关系内投入程度的失衡，结果两败俱伤。为了避免这种事情的发生，最佳策略就是找一个综合魅力值相似的伴侣。价值匹配的伴侣会大大降低出轨和被出轨的可能性，减少嫉妒带来的焦虑以

---

1 Whyte, M. (1990). *Dating, mating, and marriage (Social institutions and social change)*. New York: Aldine de Gruyter.

及离婚的概率。[1]

想要和更优秀的人在一起，这是人之常情。但爱情是一件公平的事，好的感情需要价值匹配，差距太大，关系就容易失衡。

这意味着，你有两种选择：要么选择与你目前的魅力相配的人，要么为了配得上更高价值的伴侣提高自己的魅力。

种金得金

找到合适的人是拥有一段美好恋情的先决条件。但成功的感情不仅要靠找到合适的人，还要让自己在伴侣眼中变得更好。每个人都想要一个完美的伴侣，但是很少有人想过要让自己成为一个完美的伴侣。请记住，为了得到你想要的，你得先配得上他。

绝大部分有价值并值得追求的东西，比如财富、事业、学识、健康、好身材等都需要一定的付出才能拥有，好的伴侣也不例外。每天宅在家里吃零食、看电视剧也许很舒服，但是这样不会练出"马甲线"，男神也

---

1 Buss, D. (2000). *The dangerous passion: Why jealousy is as necessary as love and sex*. New York: Free Press.

不会从天而降，主动来敲你的门。如果世上真的有"零投入"就能得到一切所想所要的好事，那才是不公平的。正常的情况是，种瓜得瓜，种豆得豆。

现实不是童话故事，公主梦也终有一天会醒来。如果不用心经营自己，懒得为自己想要得到的东西努力，王子是不会骑着白马奋不顾身地飞奔到你身旁的。最终，你只会与白马王子擦肩而过，从此与他过上幸福快乐的生活的人也不会是你。

我不希望这样的结局发生在你的身上，因此，不断地提升自己、提高你的综合魅力值，尽全力成为最好的自己，这是打动男神最靠谱、最高效的战略，种金得金，想要收获男神的爱情，你必须当女神。

按照传统"门当户对"的观念，你出生的家庭决定了你未来会有一个怎样的伴侣。当然，人们无法控制自己在什么样的环境出生，所以，这种配偶模式非常死板，让人无从选择，十分无助。而本书提倡的现代"门当户对"则不同。相较于传统的出身条件，比家庭出身更重要的内外综合魅力，是更为多元的婚姻市场价值。

每个人在婚恋市场上的谈判能力、受欢迎程度以及可选择范围，都取决于自己的婚姻市场价值，而在抉择时的妥协程度，也同样取决于它。因此，高价值女神常常能够更顺利地得到优质男人的青睐、投入与承诺。好消息是，这些特征都是可以后天培养和提高的。综合魅力值的"门当户对"，是一个让每个人都能有更多选择、更加自由、更有改变其命运能力的配偶机制。

斯坦福大学心理学家卡罗尔·德韦克（Carol Dweck）提出了固定思维和成长思维两种思维模式。拥有固定思维模式的人认为聪明才智等能力是天生的，后天无法改变，因而拒绝挑战，停滞不前；而拥有成长思维模式的人则会认为天赋只是起点，只要通过努力就可以使自己变得更好，他们愿意迎接挑战并努力克服。因此，相较于前者，后者会付出更多额外的时间和精力来提高自己，这也会为他们带来更高的成就。道理其实很简单：对自己的看法与自己的信念（Mindset），决定了你最终会成为什么样的人。[1]

认为自己没有在富有的家庭出生，所以以后无法发财，这就是固定思维。认为别人的成功是靠走后门

1　Dweck, C. (2006). *Mindset: The new psychology of success*. New York: Ballantine Books.

或行贿，自己无法做到，这也是固定思维。认为自己天生没有漂亮的长相，就没有男人会喜欢自己，这还是固定思维。

相反，认为通过自己的努力和付出可以拥有好身材，可以提高自己的魅力、可以成功、可以发财、可以拥有高质量的伴侣，这就是成长思维。

固定思维只会促使人们放弃，勉强接受碌碌无为、甘于平庸的生活。要记住，无论自身家庭背景如何，人们都可以通过后天的学习，让自己变得更优秀，提升自己在婚恋市场中的主动权。与其让自己的思维囿于条条框框，还不如好好拥抱成长思维。

回顾Maggie和Neil的故事，难道因为Neil不喜欢她，Maggie就要从此不谈恋爱，或者勉强接受一个自己不喜欢的男人吗？当然不。在成长思维模式中，她应该如何做呢？

为了让自己喜欢的优质男人也喜欢上自己，她可以提高自信、情商、聊天技巧以及对男人心理的了解，学习如何激发男人的征服欲，懂得如何创造自身神秘感让对方更感兴趣。她也可以通过规律的健身，让自己的身材更有吸引力，可以通过提升化妆技巧以及穿衣打扮的水平来升级自己的魅力，等等。这些都可以成为Maggie的"待办事项"。她在实践和提高自己的过程中，很有可能会遇到一个像Neil一般的优质男人出现在她的生活中，假设在此刻，她和Neil两情相悦的可能性也会大大提高。

当然，提升综合魅力值的好处不只有选择优质伴侣能力的提高。你越有魅力，越会有更多男人为了配得上你而努力变得更优秀。当男人接触魅力值高的女人时，他们会变得更有雄心和赚钱的欲望，[1]也能展示出更多的冒险精神和创造力，[2]更加倍努力地试图脱颖而出。[3]除此之外，仅仅是与有吸引力的女人聊天，就能够增加男人的睾酮。这意味着你越有魅力，越能刺激男人的荷尔蒙增高，使他越有动力努力追求你。女人的魅力为男人追求成功和财富注入灵感、提供动力。

那么，具体要如何才能成为一个更有魅力、有更高

---

[1] Roney, J. (2003). Effects of Visual Exposure to the Opposite Sex: Cognitive Aspects of Mate Attraction in Human Males. *Personality and Social Psychology Bulletin.* 29(3), pp.393-404.

[2] Shan, W., Shenghua, J., Davis, H., Peng, K., Shao, X., Wu, Y., Liu, S., Lu, J., Yang, J., Zhang, W., Qiao, M., Wang, J. and Wang, Y. (2012). Mating strategies in Chinese culture: Female risk avoiding vs. male risk taking. *Evolution and Human Behavior,* 33(3), pp.182-192.

[3] Griskevicius, V., Cialdini, R. and Kenrick, D. (2006). Peacocks, Picasso, and parental investment: The effects of romantic motives on creativity. *Journal of Personality and Social Psychology,* 91(1), pp.63-76.

价值的女人呢？如何让自己喜欢的人也喜欢自己，在下一章的内容中我会为你揭秘。

爱情太现实了！

你可能会觉得这一章的内容太过现实。可是，在爱情浪漫的面纱下，总隐藏着现实的考量。人人都喜欢条件好的人，如果能够与9分的人在一起，会有人愿意退而求其次去主动选择6分的人吗？大多数人可能不会，这就是现实。

无论是选择车子、房子还是伴侣，每一个人的内心（哪怕是潜意识里）都在筛选与衡量其价值、成本以及回报等。如果人类失去这些筛选的标准，在两性世界中，随便遇到一个人就选择在一起，无论对方的条件如何、无论是否能够相互吸引、无论你们是否合适，那你就吃亏了。幸好，人类有一定的筛选能力，所以你可以挑选那些优质的男人，而不是那些价值不够高的人。同理，对方在决定是否要与你发展关系之前，也会对你进行价值判断的筛选。因此，你越优秀，可选择的范围就越广，对方选择你的概率也越高。这很现实，但合乎常理。

我们角色互换一下，请你坦诚地思考并回答以下问题：

如果你是一个优秀的男人，遇到了此时此刻的自己，你会选择和她在一起吗？你会为了得到她而努力追求她吗？你会期待与她携手走完余生吗？

我希望你的回答是肯定的。如果你自己都没有肯定的答案，那对方为什么要选择你呢？你在寻找你的Mr. Right，但是，你是他的Mrs. Right吗？

此时此刻，也许一些女生会感到有一丝压力。不过，你大可放心，你并不需要成为世界上最好的人，只需要让自己变得更好。你只需要让今天的自己比昨天的好一点，明天的自己比今天的再好一点。

这样做的确会让你在择偶时更有优势，但这并不是唯一的目的。当走上自我提升之路后，你会发现生活开始越来越美好，无论在感情、工作还是其他方面都更顺利了。你越努力，就越优秀；越优秀，就越幸福。成为更好的自己，这是你的使命。

我办公室的墙上挂着心理学家亚伯拉罕·马斯洛（Abraham Maslow）的一句话："一个人有能力去成为什么样的人，他就必须去努力成为这样的人。"

（What one can be, one must be.）这句话时时刻刻告诫我，并给予我源源不断的动力。生命短暂，为何不竭尽全力做最好的自己？你充满潜力，请不要对自己"吝啬"。一棵树不会在它自认为"差不多"的时候便停止生长，它能长多高就会长多高，每棵树都会尽其所能地成为"最好的自己"，你当然也可以做到。只不过，树的生长是自然的，而你需要主动成长。

想要好好谈恋爱，想要得到优质的另一半，还是选择成为更好的自己吧。你若芬芳，蝴蝶自来。

"做自己"的陷阱

读到这里，难免会有人感叹："哎，太麻烦了！凭什么要女生做这些？好累！做自己就好了。"

"做自己就好。"这可能是我人生中最讨厌的话之一。说出这句话的人通常没有什么恶意，只是懒得提升自己，或者害怕面对现实罢了。因为做出改善自己的决定，意味着需要承认自己的不足之处。

那么，为什么"做自己就好"是一句没有意义的话？我们来分析一下。

假如原来的"自己"不会西班牙语，通过学习和练习后，你说得越来越流利，难道此时会说西班牙语的你，已经不再是"你自己"了吗？你只不过是在自己的工具箱里增加了一个新的工具——西班牙语，这就不是在做真实的"你自己"吗？

假如你是一个平时很少锻炼的女生，第一次去健身房，教练对你说："就做你自己吧，加油！"而不是教你如何使用健身器械，也不教你正确的锻炼动作，很有可能你的健身只是徒劳，不会有任何成效，甚至会不小心因此而受伤。幸好健身教练会指导你、监督你、教你如何锻炼才能达到目标。你的工具箱里又增加了工具——健身知识。持续使用这个工具，你终于拥有了马甲线。这时，面对着镜子照出的有着好身材的你，难道不是"你自己"吗？

谈恋爱也是同样的道理。你正在读这本书、学习提高自己的魅力、提升自己对两性关系的了解、掌握与男人相处的艺术。当你善于运用本书的爱情法则时，你还是那个最真实的"你自己"。区别只是你的知识储备更丰富了。你现在有了一个非常有力量的新工具——懂男人、懂两性、懂爱情。你成了一个更会谈恋爱、更有魅力、更聪慧、更受优质男人欢迎的高价值女神。

学习新的知识只是升级自己的工具箱，你还是在一直"做自己"，而且让自己越来越好。请不要不小心掉入"做自己"的陷阱，别用"做自己就好"作为限制自我潜力的借口。Maggie一直在"做自己"，只不过当下的"自己"是一个不够吸引Neil的"自己"。

　　你要相信自己值得美好的爱情，但这并不代表获得美好的爱情轻而易举。男神不会从天而降。好的感情值得投入精力、努力经营。你可以拥有这样的爱情，但你是否愿意为了得到它而努力？

　　爱情是一件公平的事。为了得到你想要的爱情，你得配得上它。

> ⚠注意：这是一条双向适用的法则。男人不是无须努力就能坐享其成的。你是高价值女神，他要想获得你的爱情，首先也得配得上你才行！

第三章
培养长期吸引力
Create Long-Lasting Attraction

让男人离不开你

> 两个灵魂的相遇就像两种化学物质的接触：一丁点的反应就会彻底改变它们。——卡尔·荣格（Carl Jung）

Monica在一家新媒体公司工作，她喜欢上了自己的同事，可是他一直只是友好和礼貌地与她保持一定的社交距离。

薇薇是一名大二在读的学生，早在大一的时候，她就爱上了自己的班长。暗恋了一年有余，她终于按捺不住，下定决心要有所行动。可是，此刻的她毫无头绪，不知道要从何下手。

每天有很多像Monica和薇薇这样的人联系我。这几年被问过最多的问题大概就是：老师，我喜欢一个男生，要如何吸引他？如何让他也喜欢上我？

如此宽泛的问题很难用一两句话回答。其实，平心而论，只要看过我拍的几百个视频，学习过我的恋爱课程，你就会有一个非常明确的答案，知道每一步应该如何做，才能吸引到你喜欢的男人。不过，这次我下定决心，在这一章为你提供一个清楚的答案——如何吸引男人。

为了做到这一点，在这里我要首次公布自己通过多年经验归纳总结得出的"长期吸引力公式"，这里的重点在于"长期"。为什么是"长期"呢？让我们先来看看"短期吸引力公式"：

> 短期吸引力 = 不太难看 + 容易得到

短期吸引一个男人，这并不复杂。研究证明，男人在面对一段短期关系时，会降低自己的标准。[1]你不需要有傲人的身材，不需要有多高的颜值，也不需要有多迷人的性格。只需要长相不难看，总会有男人愿意主动前来。这也是为什么女生即使在酒吧里孤身一人，只要静静地坐在那里，就会有男生过来搭讪，也总有男生愿意跟她回家。

除此之外，"容易得到"（指男性无须付出太多时间和精力的情况下，女性就愿意与之发生关系）也是能短期吸引男人的特征。还记得在第一章我们提到过的研究吗？在大学校园内，在被陌生异性提问想不想与之发生关系时，75%的男学生表示愿意。

1　Buss, D. and Schmitt, D. (1993). Sexual strategies theory: An evolutionary perspective on human mating. *Psychological Review*, 100(2), pp.204-232.

如果长期吸引力是持久不灭的火焰，那么短期吸引力则是火柴般短暂微弱的火苗。我相信你正在读这本书，不是为了寻找一次性的"快餐爱情"。你想吸引优质男人，想让你喜欢的人喜欢上你，想获得长久、稳定的幸福，最好的方法就是培养你的长期吸引力。

> 长期吸引力 = 兰博基尼效应 + 内在价值 + 契合 + 信任

尽管每个人喜欢的特点各有差异，但总有一些特点是人人都会欣赏的。如果按照这个公式，让男人难以抵挡的长期吸引力将会在你身上大放异彩。

长期吸引力由以上四个部分组成，缺一不可。我们来逐一分析。

1. 兰博基尼效应

如果马路上突然疾驰而过一辆兰博基尼跑车，大部分男人会做什么？他们会回头看，这是男人无法自控的下意识行为。一个好看的事物出现在男人的眼前，就会抓住他的眼球、激发他的好奇心、使男人被吸引。那么，如果与他擦肩而过的是一个漂亮的女孩呢？同样，男人会不自觉地回头看。

男人都是视觉动物，这是经科学证明的。

比如，在观看相同的性视觉刺激画面时，男人杏仁体（大脑的情绪控制中心）的激活水平明显高于女人，[1]这也许就是男人比女人更爱观看成人电影的原因之一。[2]毕竟，在美国成人娱乐网站的计费服务数据中，购买在线色情内容的用户98%是男人。[3]

除此之外，女人的性幻想多是由一段恋情触发的，而男人的性幻想大多是由视觉刺激唤起的。[4] 女人更喜欢浪漫的故事情节，而男人则更喜欢生动且刺激的视觉场景。

餐厅中好看的女服务员往往能收到更多的小费，这就是男人的视觉本质作祟的结果。[5]

从进化心理学的角度看，外在吸引力被认为是一种指导，把我们引向健康、具有繁殖能力的伴侣。学者发

---

1 Hamann, S., Herman, R., Nolan, C. and Wallen, K. (2004). Men and women differ in amygdala response to visual sexual stimuli. *Nature Neuroscience*, 7(4), pp.411-416.

2 Karama, S., Lecours, A., Leroux, J., Bourgouin, P., Beaudoin, G., Joubert, S. and Beauregard, M. (2002). Areas of brain activation in males and females during viewing of erotic film excerpts. *Human Brain Mapping*, 16(1), pp.1-13.

3 Ogas, O. and Gaddam, S. (2010). *A Billion Wicked Thoughts: What the Internet tells us about sexual relationships*. London: Penguin Group.

4 Leitenberg, H. and Henning, K. (1995). Sexual fantasy. *Psychological Bulletin*, 117(3), pp.469-496.

5 Lynn, M. and Simons, T. (2006). Predictors of Male and Female Servers' Average Tip Earnings1. *Journal of Applied Social Psychology*, 30(2), pp.241-252.

现,女人的外表吸引力与其健康程度有关,而这一点在男人身上表现得并不明显。[1] 男人喜欢宽臀是因为认为这是有利于生育的特征;胸部丰满能够吸引男人,因为这体现了女人喂养孩子的能力;男人喜欢乌黑的长发,因为这更能展示女人的健康;等等。

说白了,男人是视觉动物。

当然,女人也喜欢帅气的男人,但受"兰博基尼效应"的影响要相对低一些。这种情况很有可能也在你身上发生过:你认识了一个起初觉得长相一般的男人,对他也没有什么特别的感觉。可是,在更多与他相处的过程中,你逐渐发现他的优点,觉得他性格不错,很幽默,很会聊天。他在你眼中的魅力逐步提高了。女人被异性吸引就像是用旋钮调整音量,吸引力是逐渐增大的,但男人被异性吸引就像是打开了开关,立刻就会被吸引。

虽然长期吸引力不能只依靠视觉魅力,但事实上,再幸福美好的爱情故事,也都是从视觉开始的。哪怕你是世界上最善良、最有趣、最聪明的人,如果不能

---

[1] Weeden, J. and Sabini, J. (2005). Physical Attractiveness and Health in Western Societies: A Review. *Psychological Bulletin*, 131(5), pp.635-653.

启动男人的视觉反应,他就永远无法发现你的这些优点。无论你的性格多好,你们可能都无缘相识。这些内在特质对于吸引男人来说的确是关键的加分项,但是,为了使你的优点得到发扬,你需要先吸引他的眼球,让他看到你。

正因如此,"兰博基尼效应"是长期吸引力的第一组成部分。要征服一个男人的心,就不需要征服他的胃,而是先征服他的眼睛。

这并不意味着只有有着模特般完美的身材和脸蛋的人才能找到真爱。事实上,不是所有人出生时都握有一手"好牌",有时关键在于把手里的"牌"打好。出生时我们手里有什么牌是无法控制的。但无论手握的是一副"好牌"还是"坏牌",我们可以做到的是充分利用手中的"牌",最大限度地发挥自己的特长。

最能影响吸引力的外在因素是可以掌控的。[1]我们的先天基因决定了长相,但我们可以控制很多影响自身颜值和魅力的因素。你完全可以尽你所能保持最好的状态,把注意力放在你能掌控的地方:身材、衣着、皮肤

---

1 Mehrabian, A. and Blum, J. (1997). Physical appearance, attractiveness, and the mediating role of emotions. *Current Psychology*, 16(1), pp.20-42.

和妆容等。通过健康的饮食和规律的运动，塑造紧致有型的身材；通过得体大方、有品位的衣着打扮，强调个人气质和身材优势；通过早晚坚持护肤，保持皮肤的光泽和气色的红润；通过精致干净的妆容，突出五官的线条，展现迷人的面孔。

尽管男人喜欢好看的女人，但如果女人的内在空无一物，那么无论她多漂亮，都无法与他保持长期关系。好看的皮囊千篇一律，有趣的灵魂万里挑一。吸引力公式有四个组成部分，视觉吸引只是第一步，如果你不想成为被遗落在角落积灰的空花瓶，就请继续践行公式余下的每一步。

2. 内在价值

虽然吸引力从外表开始，但内外因素的重要性不相上下，这只是顺序的问题。并且，内外魅力也在不断地相互作用。

在心理学中，有一个概念叫作"光环效应"（Halo Effect），指因一个人的某种品质而形成很好的印象，通常也会在其他品质上有不同程度的夸大和延伸，就仿佛月亮的光晕般向周围弥漫扩散。你可能体验过这种效应的影响：比如你认识了一个很帅气的男人，就会更容易认为他的其他品质也都很好（幽默风趣或者忠厚善良等）。当然，事实不一定如此，只是外表影响了你对他内在的感知。

在一项研究中，学者让男人对不同外表类型的女人照片进行魅力指数的评估。一些男人被告知照片中的女人有积极的性格（比如开朗、开放、情绪稳定），一些男人则被告知这些女人有消极的性格，还有一些男人没有得到任何性格信息。结果显示，被告知积极性格信息的男人对女人的魅力值评价更加包容，认为更多的外表类型有魅力。[1] 性格积极者都被认为更有魅力。[2]

你的内在能使你更有吸引力。除了外在形象以外，一个女人在男人眼中的个人魅力和价值主要体现在她的内在上。要想具有长期吸引力，就必须内外兼修。

下面，让我们看看高价值女神最具有代表性的五大内在特征。

---

[1] Swami, V., Furnham, A., Chamorro-Premuzic, T., Akbar, K., Gordon, N., Harris, T., Finch, J. and Tovee, M. (2010). More than just skin deep? Personality information influences men's ratings of the attractiveness of women's body sizes. *The Journal of Social Psychology*, 150(6), pp.628-674.

[2] Lewandowski, G., Aron, A. and Gee, J. (2007). Personality goes a long way: The malleability of opposite-sex physical attractiveness. *Personal Relationships*, 14(4), pp.571-585.

（1）挑剔与挑战性

太容易得到的东西，人们往往不会那么珍惜，在感情中，也不例外。高价值女神有市场，十分受男人欢迎，从而在选择适合自己的另一半时，也会格外"挑剔"。她不会轻易与第一个来"敲门"的人在一起，也不会与不想与其经营长期关系的男人浪费时间。哪怕遇到有好感的异性，也不会很快就轻易将自己的芳心给他。因为她知道，要想好好谈恋爱，选对人是关键，而着急谈恋爱只会提高选错人的可能性。

女人的挑剔使自己在男人眼中更具有挑战性。尤其是在恋爱关系的最初阶段，男人很容易把追求起来没有挑战性的女生视为短期伴侣，而高价值女神懂得让男人为了追到自己而努力。在男人眼中，能与高价值女神在一起是一种荣幸，会在追求的过程中为她增添价值，追到以后也会加倍珍惜。

挑剔与挑战性是贯穿本书的一个关键概念，在本书的第四章、第五章及第十二章中，你将学会如何将其运用在感情的不同层面中。

（2）有底线

"底线"这个词，无论我怎么强调都不过分。想获得男人的尊重、想让他更好地对待你，那你必须有底线。

男人只会爱一个他尊重的女人，而底线是能够获得尊重的前提。无论他多么欣赏你的容颜，如果你是个没有底线的人，任由对方为所欲为，那在他眼中，你的价值会大打折扣。你的颜值再高，其吸引力也只是短期的。

很多女生都误以为，为了不失去心爱的人要一味地做出妥协，无论自己多不情愿也甘愿忍受一切。但实际上，做一个有底线的人不仅不会让你失去他，还会让他害怕失去你。具体如何设定自己的底线，在本书第十一章中，你将找到答案。

（3）自信

常常否定自己的价值、怀疑自己各方面的能力、过于缺乏安全感等一系列不够自信的表现都会大大降低一个人的魅力值。如果你觉得自己不值得被爱，那男人又怎么可能会爱你？

企业家亨利·福特（Henry Ford）认为，无论你认为自己行还是不行，你都是对的。所以，还不如认为自己行。只有真正相信自己的价值，在别人眼中，你的价值才更有说服力。你要先认可自己，别人才会认可你。

当然，人的自信心不是一成不变的。自身魅力越高、能力越强、生活越顺利，就越容易收获自信。因此，不要自我怀疑，也不要自我否定，要好好提升自己，让自己"真的行"。

（4）高情商的沟通能力

"老师，男朋友和我分手了。"我正打算问她到底发生了什么时，Carla直接发给我他们的聊天截图。我看过后发现，其实用对方说的一句话就能概括这段感情失败的原因："我每次讲A，你以为我在讲B。我们真没法沟通！"

这种状况实在太普遍了。一开始明明互相喜欢的两个人，因为没有办法沟通而导致感情逐渐变淡，直至不欢而散。

哲学家弗里德里希·尼采（Friedrich Nietzsche）认为，婚姻生活犹如一段漫长的对话，当你决定走进婚姻时，要考虑好你们能否谈笑风生地走到最后。的确如此，我们讲的长期吸引力，也代表双方要进行一辈子的沟通。不过，像Carla与男友这般鸡同鸭讲的沟通方式，结局肯定不会美妙。

沟通不良往往是感情破裂的症结所在。因为不会表达，让聊天以尴尬收场，因而错失良机，让对方失去了对你的兴趣；因为不会聊天，让关系趋于平淡无趣，失去激情；因为不懂表达自己的需求，而难以得到对方的满足；因为措辞不当，引发误会，导致矛盾升级，而搞砸两人原本还不错的关系。

从两人第一次见面到白头偕老，都需要有效沟通贯穿整个恋爱过程。毋庸置疑的是，高情商的沟通能力就像骑自行车，这是每个人都能学会的本事。想要和你爱的人在一辈子的漫长对话中乐此不疲，掌握与男人的沟通艺术不可或缺。

我的课程《聊天女王：会说话的女人最好命》提供了200多个与男人沟通的技巧和具体实例，与本书的内容完美互补，可以帮你成为一个懂男人、会聊天的高情商女神。作为对本书读者的答谢，我想请你免费试听该课程。在我的公众号（ASKVINCENT）或官网（www.askvincent.org）就可以查看并学习。

（5）温柔独立性

Belle来咨询我时刚刚遭遇分手。她长得很漂亮，谈吐也十分得体大方，如果只看外貌，大家都会认为她是男人的理想配偶，可为什么她的男朋友向她提出了分手呢？据她说，她生活中的每分每秒都想得到男朋友的陪伴，甚至为了能与他有更多的时间相处而辞掉了自己的工作。无论他有多忙，Belle总是想黏在他的身边，直到让他感到窒息，最终使他觉得两个人并不合适。

许多女生认为男人喜欢小鸟依人型的女人，在一定程度上，这并没有错。男人喜欢被需要的感觉，来彰显自己的男子气概，但需要关怀和陪伴，不等于需要女朋友过度依赖自己和黏人到失去自我。相反，温柔体贴，同时拥有独立性的女人更受男人的青睐。

一个有长期吸引力的女神，在保持自己女性优势（如温柔、体贴、善良、有同理心、有女人味等）的同时，也要能够保持独立的人格与丰富的精神世界。尽管她很享受与对方的恋爱关系，但她也享受自己的工作、生活与丰富的爱好。许多女生经常犯的错误是把生活的重心完全放在心爱的男人身上。一旦对方没能及时回复信息，或者无法陪在身旁就会十分焦虑。这样下去，久而久之，会让男人身心疲惫，像Belle的男朋友一样选择结束这段感情。

男人不能是女人生活里的唯一依靠，否则一旦对方离开（哪怕只是忙而已），就会觉得自己失去了救命稻草，觉得自己一无所有。

不少女生把独立性误解为强势，而视温柔为弱势。但事实并非如此。温柔会让男人想要迎难而上，而强势只会让男人望而却步。独立不代表咄咄逼人，温柔不代表言听计从。温柔与独立，两者并不冲突。温柔的独立性是两个很美妙的内在特征的结合，也是"女神堆积"（Goodness Stack）的其中一个体现。稍后我们会仔细探讨这一概念，这里我们先来看长期吸引力公式的第三个组成部分。

3. 契合

虽然我在书中列出了公式，但吸引力并不像三角函数，为了得到正确的答案而需要精密计算，创造吸引力的每一个内外组成部分都不是死板的。情人眼里出西施，吸引力总有一些主观性。一个人喜欢的特征，不一定是另一个人喜欢的特征。有的男人喜欢可爱的女人，有的喜欢性感的，有的喜欢内向沉稳的，有的更偏爱外向活泼的。

无论人的外表多美好，内在价值有多高，两个人能长期相互吸引，必不可少的是相互契合。

我曾认识一个人，他最喜欢较胖的黑人女性（十分具体的喜好），身材瘦小的以及其他种族的女性都无法吸引他。我的一个高中同学是歌剧导演，他的工作与生活无法划清界限。他很喜欢有文化、有内涵、可以聊很多关于历史和文学，也可以互相分享艺术观点的知识型女性，平日里，他和女朋友可以聊一整天这些话题。而我的另一个朋友丝毫不能理解这样的关系，他喜欢二人工作时各忙各的，而见面时完全不提任何工作的事情，也不认为两个人有共同的爱好是必要的。

每个人的性格不一样，因此，能与之契合的伴侣类型也不同。根据大五人格模型，人的性格主要由以下五个人格特质构成：经验开放性（Openness to Experience）、尽责性（Conscientiousness）、外向性（Extroversion）、宜人性（Agreeableness）和情绪不稳定性（Neuroticism）[1]。一些外向性高的人可能无法和特别安静的"书呆子"在一起，但也许"书呆子"恰恰就是另一个人的理想型。尽责性高的人，很有可能受不了与一个尽责性低、比较懒的人在一起。

想要一段持久的关系，两个人一定要处在同一个频道，相处得舒服、三观一致、志趣相投、有话可聊、有情感上的联结、有精神上的纽带。假如双方的魅力匹配，但价值观、性格和生活方式却大相径庭，也很难长久。

爱情不是一门精确的学科，没有一个100%准确的答案，吸引力总会存在因人而异的主观决断。那么，到底如何才能找到一个与自己完美契合的伴侣呢？在本书的第四部分，你会找到这一问题的答案。

1　Gosling, S., Rentfrow, P. and Swann W. (2003). A very brief measure of the Big-Five personality domains. *Journal of Research in Personality*, 37 (6), pp.504-528.

4.信任

终于到了吸引力公式的最后一个组成部分。通过你的内外魅力以及彼此的契合，对方已经足够被你彻底吸引。可是，想要一辈子收获男人的心，还缺乏一个必不可少的成分：信任。

在选择相伴一生的伴侣时，男人和女人都希望对方是一个值得信赖、让自己放心的靠谱之人。有数据显示，当男人评估对伴侣的期望时，在67种特征选项中，忠诚是排在首位的。[1] 女人也同样看重忠诚，但依然有一些区别。研究发现，女人认为对情感不忠是最难以原谅的[2]，而男性则更看重性忠诚。[3]

为什么会这样？是出于对"亲子诈骗"（Paternity Fraud）的恐惧。男人打心底里害怕自己心爱的女人出轨、偷偷怀上别的男人的孩子，而自己却要花费资源和精力去抚养一个外人的孩子。最终，成为"亲子诈骗"

1　Buss, D. and Schmitt, D. (1993). Sexual strategies theory: An evolutionary perspective on human mating. *Psychological Review,* 100(2), pp.204-232.

2　Buss, D., Larsen, R., Westen, D. and Semmelroth, J. (1992). Sex differences in jealousy: Evolution, physiology, and psychology. *Psychological Science,* 3(4), pp.251-255.

3　Barrett, H., Frederick, D., Haselton, M. and Kurzban, R. (2006). Can manipulations of cognitive load be used to test evolutionary hypotheses? *Journal of Personality and Social Psychology,* 91(3), pp.513-518.

的受害者，无法实现所谓的"传宗接代"。

一段缺乏安全感的关系就像一个没有屋顶的草房，经不起一点风吹雨打，而信任和忠诚就像瓦片，能够为你们建筑起坚实牢固的避风港。因此，想要得到一个男人的长久承诺，信任和忠诚是重中之重。

具有出轨潜力的一系列行为和特征，我将它们称为男人眼中的"危险因素"或"不贞因素"。比如，情绪不稳定、性格易冲动、酗酒、常与其他男人暧昧不清、与前任或其他男人的关系不透明、有过出轨历史、感情生活很丰富等。男人一般不会与存在许多危险因素的女人展开一段认真的关系。想让男人视自己为共度一生的长期伴侣，最好尽量减少以上的危险因素，许多女生对此心照不宣。有学者发现，女生通常会在潜意识的作用下发出自己的忠诚信号，比如主动远离不忠诚的闺密，让自己区别于其他不贞的女人。[1]

在男人眼中，女生在暧昧期的"不随便"在一定程度上暗示着恋爱期的潜在忠诚。作为忠诚的信号，

---

[1] Dosmukhambetova, D. and Manstead, A. (2011). Strategic reactions to unfaithfulness: Female self-presentation in the context of mate attraction is linked to uncertainty of paternity. *Evolution and Human Behavior*, 32(2), pp.106-117.

你的挑剔和挑战性会让他觉得你更适合成为终身伴侣。

最后，我们再一起回顾一下长期吸引力公式：

> 长期吸引力 = 兰博基尼效应 + 内在价值 + 契合 + 信任

爱情就是这样，始于颜值，陷于才华，合于性格，久于忠诚。短期吸引力就好像转瞬即逝的烟花，美好且短暂。好好培养你的长期吸引力，才能做他世界中永远闪亮的那颗星。

女神堆积

要想做到真正的长期吸引，外在魅力、内在价值、彼此的契合与足够的信任，缺一不可。一个人只有颜值，无法长期吸引对方；只有信任，也无法做到。面对单调的女人，大多数男人会随着时间的推移而感到无聊和反感。无论多么漂亮，一张花的照片总是比不上又香又漂亮、看得见、摸得着的鲜花灵动诱人。所以说，打扮得体、自信大方、温柔体贴、情商又高的女生，谁会不爱？

尽管人无完人，可是你在越多的方面越优秀，总体的魅力值也会越凸显。

美国著名漫画《呆伯特》的作者斯科特·亚当斯（Scott Adams）提出了一个"才能堆积"（Talent Stack）的概念。据他所说，他画画的技术并不出色，只是画得还可以而已。可是，为什么他的漫画能够如此成功？他的答案是——因为他堆积了一系列有价值的才能。

他的才能堆积 = 画画不差 + 比较幽默 + 懂得观众的心理 + 一定的商业知识和营销能力。

单独拆开来看他的这些技能，其水平都不是数一数二的，可是关键在于，把这些"还可以"的才能叠加在一起，就会产生一种独一无二的"超级才能"。这是他与众不同的"才能堆积"，别人无法复制。[1]

在感情中，你也可以培养你的"女神堆积"，将你的优点堆积，成为一个魅力堆积如山的女神。

尽管诚实的魔镜会告诉你，你永远不会是世界上最漂亮、身材最好、最年轻的那一个女生。单独只看一方面，总有别人会比自己好。只在某方面一枝独秀也无法产生长期吸引力，而在多方面堆积自己的魅力，才能在男人眼中脱颖而出。

---

[1] Adams, S. (2013). *How to Fail at Almost Everything and Still Win Big*. London: Penguin Group.

那如何培养如此迷人的多面性？每个人各有所长，你需要创造出属于你自己的"女神堆积"，下面列举一些例子以作参考。

女生1：很会穿衣搭配 + 情商高 +正能量 + 性感 + 有爱心等。

女生2：身材不错 + 会撒娇 + 会烹饪 + 独立 + 可爱等。

女生3：优雅 + 有趣 + 情绪稳定 + 温柔 + 善于聆听 + 皮肤好等。

女生4：漂亮 + 自律 + 声音好听 + 很会聊天 + 读完这本书懂得好好谈恋爱等。

将这些"还不错"的特质堆积起来，哪怕你不是任何领域的第一名，也会创造你在男人眼中独一无二的女神魅力。每个人的特点不同，所以，请想一想，你自身目前的优势是什么？为了将自己的"女神堆积"发挥到极致，让自己的长期吸引力更不可阻挡，你可以培养和加强哪些特质？

已具有的吸引力优势

你想培养的吸引力特征

学历、经济条件、家庭背景、事业成就，难道男人不在乎这些吗？

你可能已经发现，在长期吸引力公式中，我们没有提到任何关于学历、经济条件、家庭背景以及事业成就等因素。我并没有忘记这些，男人当然也喜欢优秀的女生，只是男人眼里的优秀和女人眼里的优秀有所不同。

曾经，在我举办的一次线下讲座中，观众里有一位女士提问关于"女人的条件"。她说自己是一个在读硕士，男方是一位博士，自己因为害怕配不上他的条件而十分焦虑，因此考虑是否要继续攻读学位，咨询我的意见和想法。现场也有人和她表示出同样的困惑："老师，为了提高自身价值，我是不是应该考研？"

学历高、工作好、经济独立、事业成功，这些都是不错的条件，也是为自己创造更好的生活的加分项。只是，与一些女生的想法恰恰相反，这些并不是打动男人的首要条件。

我鼓励每位女人保持学习的态度，追求更高的学历和更好的事业，为了塑造更好的自己而打磨，因为生活不仅仅是为了吸引男人。但是，如果为了吸引男人，让自己更有市场而攻读硕博学位，如果你觉得这会使你成为男人眼中有魅力的高价值女神，那就大错特错了。这个世界上，有一万件触手可及的小事来提高你在男人眼里的个人魅力，它们远比读一个研究生来得有效。

一个没有读过大学的女人或者一个收入普通的上班族也可以很有魅力，也可以吸引到优质男人。而一个哈佛毕业的学霸或者上市公司的CEO也可能完全没有吸引力，让男人望而却步。反之亦然，前者可能对男人毫无吸引力，后者也有可能是万人追捧的女神。这说明什么？真正吸引一个男人的首要因素从来不是你的个人简历，名牌大学的毕业证也从来都不是爱情的敲门砖。

那么，为什么很多女人会担心自己的学历或工作配不上她们喜欢的男人呢？答案很简单：因为这是女人在乎的择偶条件。

大部分女人会衡量对方的学历、事业成就和经济条件，以此来判断一个男人是否优质。你很有可能不想找一个学历没你高，或者收入不如你的男人。可是男人不一样。男人更看重女人的外表和性格。女人也看重这些，但相对于外表而言，事业成就、经济条件和社会地位则是优先的加分项。[1]

一项研究发现，与普通房子相比，在豪华公寓中拍照的男人被女人认为更具吸引力。有趣的是，在男人眼里，在豪华公寓拍照的女人，并没有因此而明显增加魅力值。[2] 与普通的轿车相比，和炫酷的跑车拍照的男人

---

[1] Buss, D. (1994). The strategies of human mating. *American Scientist*, 82(3), pp.238-249.
[2] Dunn, M. and Hill, A. (2014). Manipulated luxury-apartment ownership enhances opposite-sex attraction in females but not males, *Journal of Evolutionary Psychology*, 12(1), pp.1-17.

被女人认为更具有吸引力。[1] 照片的环境为女人提供了男人的经济条件线索，环境更好的男人被认为事业成功，拥有一定的财富和资源，因此在女人眼中加分。可是，无论女人出现在自行车还是宝马车上，男人更多关注的会是女人本身是不是有魅力。

如果杰森·斯坦森（Jason Statham）不是明星，而是小区门口的保安，很多女生不会喜欢他。可是，如果奥黛丽·赫本（Audrey Hepburn）不是明星，而只是楼下前台的接线员，依然会有很多男人被她吸引。

归根结底，吸引男人和吸引女人的特质并不是一模一样的。请不要用女人的目光看待男人的世界，不要把你的择偶标准投射在对方身上。男人和女人之间有很多区别，择偶标准就是其中之一。

你要清楚，有些事情是为了自己的生活而做，有些事情是为了吸引异性而做。为了提升自己，想读博士，就读博士。但为了吸引男人想读博士，我劝你三思。对症下药，有的放矢，才是聪明女神的战略。

---

[1] Dunn, M. and Searle, R. (2010). Effect of manipulated prestige-car ownership on both sex attractiveness ratings. *British Journal Psychology*, 101(1), pp.69-80.

PART 2

BE THE PRIZE
激发男人的征服欲

第四章
做一个有神秘感的女人
Make Him Desire You

正是神秘的朦胧不清为追求增添了迷人之处。——文森(Vincent)

欲擒故纵的真相

基本上每一个像样的闺密都会告诉自己的女性朋友不能让男生太轻易地追到。问题是，她们也常常会给出不少馊主意，比如怂恿你向喜欢的男生告白，或者劝告你用"假分手"来考验男友的真心（哪怕他对你很认真）。可是，应该有人已经发现了，每当听从这些闺密的"建议"时，结果通常与自己所希望的恰恰相反。那么，如果闺密建议你要欲擒故纵，你到底该不该听呢？

男人和女人通常会采取不同的战略吸引异性。一直以来，欲擒故纵都是女生常用的招数。简单地说，欲擒故纵就是通过调节对方得到自己的"难度"以尽最大可能获得最佳伴侣的最大化投入。虽然男人也会如此，但在两性关系中，女人往往会更为频繁地让自己难以搞定，即所谓的"Play hard to get"（让自己更难得到)[1]。

但是,矛盾的是,也有大量研究表明,由于被他人喜欢会产生积极的感觉,人们更容易喜欢那些也喜欢他们的人[2],这也是心理学中的"吸引互惠原则"(Reciprocity of Attraction)。[3]这样的话,到底是要让他知道你喜欢他,还是要欲擒故纵让他捉摸不透?究竟哪个方式最有效?

其实,世间万物皆有利弊,重点在于把控程度。不喝水,人类平均只能活几天,但饮水过多也可能致命。那么,在感情中,太过容易或者过于难以让人追到,都可能导致让你大失所望的结果。

男人在判断一个女生是否值得追求时,会着重评估对方的内外魅力以及得到的难易程度。[4] 而后者也正是长期吸引力公式中所说的"挑剔和挑战性"。我说过,需要努力才能得到的东西会更被珍惜。

---

1 Buss, D. (1988). The evolution of human intrasexual competition: Tactics of mate attraction. *Journal of Personality and Social Psychology*, 54 (4), pp.616-628.
2 Curtis, R. and Miller, K. (1986). Believing another likes or dislikes you: Behaviors making the beliefs come true. *Journal of Personality and Social Psychology*, 51(2), pp.284-290.
3 Baumeister, R. and Finkel, E. (2010). Advanced social psychology: *The state of the science*. New York: Oxford University Press, pp. 419-459.
4 Buss, D. (1988). The evolution of human intrasexual competition: Tactics of mate attraction. *Journal of Personality and Social Psychology*, 54 (4), pp.616-628.

有魅力的女人在男人眼中具备更高的价值，而这些女人也因自己的高魅力而更为挑剔，故而更加"难追"，正因如此，她们在男人眼中的价值又翻了一倍。[1] 由此进入了这样的积极循环：因为高价值而更加挑剔，因为挑剔而显得价值更高。

的确，一直以来，一定程度的欲擒故纵能够提高自己在男人眼里的魅力指数。当然，这样做也有其他好处，比如可以测试一个男人对你有多少兴趣和投入资源的能力，同时向男人暗示自己不是一个随便的女生。

神秘感成瘾：不确定性的魔力

你有没有过这样类似的经历？

你喜欢一个男生，但是你不知道他对你的想法如何。他对你时而热情，时而显得有些冷漠，有时候对你特别体贴，有时候又对你爱搭不理。神秘感产生的不确定性，使他一直在你的脑海里挥之不去。你不知道他到底喜不喜欢你，再加上他忽冷忽热的态度，莫名其妙地让你对他越来越着迷。但是，那些从一开始

---

[1] Buss, D. (1988). The evolution of human intrasexual competition: Tactics of mate attraction. *Journal of Personality and Social Psychology*, 54 (4), pp.616-628.

就对你表现出很明显的兴趣，对你又殷勤又热情，想要讨你欢心的男生，他们对你则没有那么强烈的吸引力。为什么会这样？

这是不确定性的力量在奏效。研究证明，不确定性将增加人们对某事件的想法，以及对其的反应强度。[1] 比如，参加工作面试或者求婚时，如果人们对结果没有100%的把握，就会更频繁也更强烈地去想这件事。同样，那个男生所创造的不确定性，使他占据了你的整个大脑。

按常理来说，一个知道自己100%会获奖的人应该会比一个知道自己有70%的可能性获奖的人更开心。可是，实际上，研究发现，知道自己只有70%的可能性获奖的人会更强烈地去想这件事，也因此而得到更多的积极体验。因为得奖算是奖励，不得奖也不算是损失，他们将意识更集中于事件的积极面（70%的获奖可能性）。不确定性使他们脑海里都是对获奖的期待。[2]

在一项实验中，学者让大学女性查看四个男同学的

---

[1] Bar-Anan, Y., Timothy, D. and Daniel, T. (2009). The Feeling of Uncertainty Intensifies Affective Reactions. *Emotion*, 9(1), pp.123-127.

[2] Wilson, T. and Gilbert, D. (2008). Explaining away: A model of affective adaptation. *Perspectives on Psychological Science*, 3(5), pp.370-386.

脸书个人资料。她们被告知这四个人曾浏览过她们的个人资料，并指出每个男生对于她们的兴趣程度：非常喜欢、一般喜欢、不确定自己的感受和不太喜欢。那么，你猜猜这些女生最后对谁会更感兴趣呢？

相比于"一般喜欢"她们的男人，参与者更能被"非常喜欢"她们的男人吸引，该结果符合我们前文所讲到的"吸引互惠原则"。但是，她们认为"不确定自己的感受"的男人比"非常喜欢"她们的男人更具有吸引力，也对他们产生了更多的想法。[1]

其实，在日常生活中，你很有可能已经感受到了不确定性的力量。比如说，当你看电视剧时，你会发现很容易上瘾，因为你不知道下一集会发生什么，所以你总是更期待看下一集。而如果从一开始你就知道故事的结局，可能就会因此失去观看的兴趣。

同样，你也可以用不确定性的力量增强你对对方的吸引力，使他对你上瘾。在你对异性有最基本吸引力的前提下，对方不确定你有多喜欢他时，会比他100%确定你很喜欢他时对你更感兴趣。人们极有可能通过"自

---

[1] Whitchurch, E., Wilson, T. and Gilbert, D. (2011). "He loves me, he loves me not…": uncertainty can increase romantic attraction. *Psychological Science*, 22 (2), pp.172-175.

我知觉效应"（Self-perception Effect）将这些思想解释为喜欢的标志——她一直出现在我的脑海里，我应该还挺喜欢她的。[1]

所以，让男人看到得到你的希望，但同时让他没有100%的把握——适当的欲擒故纵是让男人忍不住想你的秘诀。

那么，欲擒故纵产生的不确定性为什么会有如此的效果？一个非常关键的幕后推手是多巴胺（Dopamine）。它是一种传递开心、兴奋等情绪的神经传导物质，因此在流行文化中被称为"快感激素"。当人们享受美食、性爱等令人愉悦的活动时，大脑会分泌大量的多巴胺。但其实，更准确地说，应该称之为"动力激素"，因为它会为我们提供动力去寻找那些能给我们带来快感的事物。[2] 是的，是多巴胺在促使你每几分钟就去查看手机有没有新的消息通知，也是多巴胺在刺激你消费与购买的欲望。它给了我们动力去得到自己想要的事物，因此，在爱情的追逐中起着至关重要的作用。

---

[1] Bem, D. (1972). Self-perception theory. *Advances in experimental social psychology,* 6, pp.1-62.
[2] Berridge, K. (2006). The debate over dopamine's role in reward: the case for incentive salience. *Psychopharmacology,* 191(3), pp.391-431.

在一个很有趣的研究中,学者训练猴子去完成一个动作(拉一根杆10次),每当猴子成功完成该动作后,它就会得到食物作为奖励。按常理看,猴子得到食物时应该最有幸福感(多巴胺水平最高),但实际上,它在拉杆的过程中多巴胺的分泌达到了最大值。由此看来,最大的幸福感(多巴胺水平最高)在于期待而不在于得到。

在刚刚入驻网络平台发布视频时,我十分期待达到10万粉丝的那一天。但是,达成这项目标,其实并没有那么令人兴奋。假如测试这一时期我自己的多巴胺分泌水平,我敢保证,粉丝达到10万的那一天,我的多巴胺分泌降低了。就像美国神经生物学家罗伯特·萨波斯基(Robert Sapolsky)所说,幸福在于追逐幸福的过程,而不是幸福本身。[1]

原来我和那只猴子的差别没有多大……

其实,实验还有一个令人意外的结果。学者在作出调整——当猴子拉杆时,只有50%的概率会得到食物后,猴子的多巴胺水平比25%、75%或100%能得到奖赏时还要高。其实,这也解释了为什么很多人会对赌

---

[1] Sapolsky, R. (2017). *Behave: Biology of humans at our best and worst.* New York: Penguin Press.

博如此上瘾。人们误认为有50%的可能性会赢,但其实可能性要低得多。奖励的不确定性刺激了多巴胺的释放。确定性越高,多巴胺水平越低。

无论是猴子还是男人,如果你的目标是激发他们的动力,明智的决定是增加他们在追求幸福的过程中的不确定性。在关系的最初阶段,"可能性"是关键词。相比于"肯定",在"有可能"的情况下,人们才会更加努力地追逐目标。随着完成目标的难度增加,多巴胺水平也将随之增加。值得注意的是,无论目标的价值有多高,当太容易获得(实现目标所需的精力很少)或者太难获得时(目标似乎无法实现),人的动力以及该目标的吸引力将大幅下降。在难度适中的情况下,人们才会有足够的动力去努力地实现目标。[1]

就像一款电子游戏,如果太容易通关,就会让人觉得无聊,也毫无成就感;如果太过困难,就会让人想要放弃。只有具有足够的挑战性、通过练习和坚持可以完成挑战的游戏,才会让人上瘾。将其运用在两性关系中,我们可以简单地说,女生太容易追到与太难追到,都不

1　Brehm, J. (1999). The Intensity of Emotion. *Personality and Social Psychology Review*, 3(1), pp.2-22.

会给对方很大的动力,追到的难度刚刚好,才会让他更积极地争取。

一定的不确定性意味着让对方看到成功的希望;适当的欲擒故纵,则提供了适度的难度,因此能够成功地在对方眼中激发更多的吸引力和重要性。

英国作家奥斯卡·王尔德(Oscar Wilde)认为,浪漫的精髓就在于它的不确定性。以上科学研究也支持了这一观点。所以,请在交往中增加一点不确定性,让他的多巴胺飙升,让他追你的动力达到最大,不要扼制爱情的浪漫之处。

冰山 VS 火山

很多女生在暧昧期会触碰这个"雷区":找不到合适的温度。要么太冷(过于被动和高冷,让男生知难而退),要么太热(太主动地追求男生,导致表白失败),无法掌握适度的平衡。

"老师,我喜欢的男生终于约我吃饭了,我是不是应该先拒绝他,避免显得掉价?"

我的答案很简单:不用拒绝,可以见面。很多女生认为,为了能让你下一次答应他的邀约,他会更加努力。可是，如果他认为你的拒绝代表着你对他不感兴趣，直接放弃呢？你们还没有约会，他还不一定知道你是否值得他继续主动追求。见面以后他才会更清楚（你也会更加了解他是不是合适的人）。

喜欢的男生终于提出约会邀请，是可以答应的，这并不会显得掉价。见面了解他是什么样的人，顺便好好散发你的内外魅力，初步建立两个人的情感纽带，给他动力继续主动追求你。若他对你的兴趣只增不减，这就是你提高挑战性来欲擒故纵的好时机了。要让他知道你的生活很充实，而不是所有的时间都为他预留。所以，你可以巧妙地推迟邀约："今天和朋友约好了，下周应该有空。"这样可以让他对你有所期待。

但是，没必要在不恰当的时间玩欲擒故纵的游戏，扮演一座冷漠的"冰山"，这很有可能会搞砸你们发展的机会。

他约你见面，你说"Yes（可以）"，他过快表白，你说"Wait（再等等吧）"，他继续努力追你，你说"Maybe（看你表现）"。答应和他见面吃饭，和答应和他在一起是两码事。"让人努力得到"不是"让自己不可能被得到"。

前一段时间，另一个女生咨询我。她和自己很喜欢的男生约会了，约会结束后对方还贴心地送她回家。她到家几分钟后，就迫不及待地发给他这样一条信息："我已经开始想你了"，而此时的男生应该还在开车回家的路上。三个小时后，她收到的回复只是"晚安"，就再也没有下文了。

　　是女生太主动了吗？其实，如果我们将这样的一条信息放置在另一种情境中，比如说，男女朋友或者夫妻之间，就会是一个非常甜蜜的信息。"我们刚刚分开，但我已经开始想你"，很浪漫地提升了两个人的感情。但是，有一些行为，在二人关系稳定时是加分项，而在暧昧期则会扣分。要清楚你们的关系正处于什么阶段，然后做出该阶段适当的行为。

　　回到这个女生的情况，这是他们俩的第一次约会。二人刚刚开始接触，这个女生就已经开始明显地暴露出对对方的想法，发信息表露自己的爱意和想念，这很有可能让她得不到期待的回应，因为这会完全破坏女生原本该有的神秘感和挑战性。

　　就像人们看电影时，才刚刚开始播放，你就已经被剧透了整部电影的精彩经过和结局。原本对电影的期待一扫而空，继续看下去的兴致全无。如果在两个人最初的相处中过快变成"火山"，投入过早、过多，会大大降低自己在对方眼中的魅力值。暧昧期需要一定的"心机"，何必急着剧透电影的结局呢？

买家 VS 卖家

当你走进一家商店时，在琳琅满目的商品中挑选，你有选择买与不买的权利。因为除了这家店以外，还有更多的商店供你选择，直到你遇到自己心仪的商品。你无须急迫地恳求售货员卖给你这件商品，而恰恰相反，他需要努力说服你购买。店员"恳求"客户购买，而非客户"恳求"店员售卖。

在两性情感中，这种关系的互动模式也同样奏效。在第一章中我们提到，生理机制决定了男人是追求者，女人是筛选者。因此，在"买卖关系"中成为需要说服买家的卖家，是每个男人应该承担的角色，而女人成为买家，也正是每个男人期待的。

心急的买家通常会遇到什么问题？那就是冲动消费。他们经常会把很差的产品以很高的价格收入囊中，以为高价入手的是世上唯一的限量款，但走出商店才发现，这一款原来其他的店里也有销售（很有可能价格更为低廉）。所以，购物也好，谈恋爱也罢，过快暴露出极高的兴趣没有什么好处。

作为两性中的筛选者，要想好好谈恋爱，女人不得不成为更为精明的买家。

女生的"买家思维"在暧昧期尤为重要。在刚开始约会的阶段，无论自己喜欢与否，女生都要学会让男人展现自己。保持一定的神秘感和挑战性，也会让他有所期待，想要更加努力地、更多地了解你。就像刚走进一家店的买家，你只是先观望而已，他需要努力才有可能说服你购买。在判断产品质量好，卖家靠谱、有说服力后，你才愿意买单。

容易—难—容易

在前面的内容里我们讲了女性为什么要欲擒故纵。

那么，这个"套路"在恋爱的各个阶段都适用吗？还需要在与老公的婚姻关系中增加"不确定"因素吗？为了回答这个问题，我提出了一个十分简单的公式，让你在恋爱中的不同阶段都能把握好最合适的尺度：容易—难—容易。

在关系的最初阶段,想要认识自己喜欢的人,需要有一定的可接近性。比如说,在咖啡厅里,如果一个女生一直在看手机,戴着耳机,双臂交叉,表情看起来很冷漠,这样的话,就很少会有男人敢于上前接近。相反,如果她的肢体语言表示自己愿意交谈,与他人有些眼神接触,甚至向感兴趣的男生展示一个微笑,都明显能提高对方想要走过来认识她的可能性。所以,一开始,如果你的目的是让你喜欢的人靠近你,最好不要让自己显得太难以接近。认识新的人没有坏处,相对来说,这时可以表现出容易接近的一面。同样,在我们的案例中,答应喜欢的男生的见面邀约,也是在表现容易接近的一面。

研究证明,男人更偏爱在会面中展示出大方、温暖、积极响应性的女人。[1] 这些特点就仿佛在告诉男生可以推进二人关系,给了他勇往直前的动力和勇气。"看起来她不讨厌我,我可以继续和她接触。"相反,在关系的最初阶段,如果女人过于高冷,就难以激发男人的征服欲,

---

[1] Birnbaum, G., Ein-Dor, T., Reis, H. and Segal, N. (2014). Why do men prefer nice women? Gender typicality mediates the effect of responsiveness on perceived attractiveness in initial acquaintanceships. *Personality and Social Psychology Bulletin*, 40(10), pp.1341-1353.

反而会让潜在追求者更容易放弃（难度值太高）。

多年前的一个春天，我约了一个很久没见的朋友喝咖啡。我提前到了咖啡厅，坐下后，发现在我附近5米处，有几个女生在开心地聊些什么。其中一个特别引起了我的注意。恰好她也望向了我的方向，在我们眼神交汇的一刹那，她有一点害羞地微笑了一下，就像一只神秘的猫咪。不得不承认，这让我的心跳加速，甚至有一丝丝的紧张。她们继续开心地聊着，而我继续等人，时不时也会望向她们的方向。每每不经意地对视，都给了我想要走过去认识她的动力。正在这时，她突然起身，路过我的身边（看都没看我一眼），径直走向了洗手间。洗手间刚好有人，她在门口排队，所以，我鼓起勇气往她的方向走，但我的脑海却是一片空白，根本不知道要说些什么。到了她的面前，我说出了那句只有情感专家才说得出的经典开场白："请问，你在排队吗？"——好吧，我承认这貌似一点也不精彩。但是，这不是重点。重点是，我们因此开始了对话。幸好最终，我还是成功拿到了她的联系方式。接下来的过程就不必多说了，这就是我和我的另一半相识的故事。

在我们互换联系方式后的相处中，我发现她其实是一个有些高冷、慢热的女生。通过我不断地努力和追求，终于在一年以后融化了她的心。但是，不难想象，如果她当时双臂交叉、戴着耳机、满脸高冷的表情，我因此没有接收到她对我有任何兴趣的积极信号，就很有可能不会有我们如此幸福的今天。我经常会收到粉丝留言，好奇什么样的女生才能搞定情感专家。今天，你已经知道文森老师的故事，事实证明，容易—难—容易这一策略确实有效。

搞定你喜欢的男生，其实并没有想象中那么困难。一开始，可以展示你的可接近性。但在你们相识后，一旦他准备展开行动，你就要开始提高自己的挑战性了，这就是所谓的"难"。让他追求你、联系你、试图和你见面、努力推进关系。当他真正走进你的世界，对你袒露真心，当他的每一个行为都充满爱意，当你无须再质疑他是否是个负心汉的时刻，你又要降低自己的挑战性，让他在关系中体会到舒适。

而此时，处于恋爱或者婚姻中的你，也早已不必使用欲擒故纵的策略。因为创造太多的不确定因素，可能会给期待稳定的伴侣造成严重的威胁感和破坏性影响。这与长期关系所需的安全感和信任是背道而驰的。[1] 你只需保持自己的魅力和高价值行为，用心经营你们的感情就好。

别让你心仪的男人被"不可能完成的任务"吓跑，也别过于主动地追求男人，掌握好欲擒故纵的完美尺度。

---

[1] Gurit, E., Kobi, Z. and Harry T. (2020). No pain, no gain: Perceived partner mate value mediates the desire-inducing effect of being hard to get during online and face-to-face encounters. *Journal of Social and Personal Relationships*, 37(8-9), pp.2510-2528.

第五章
让他努力
Effort Adds Value

成为男人想征服的"黄金女神"

对于一个人来说,任何东西的真正价值,是为了要得到它所经历的艰难困苦。——亚当·斯密(Adam Smith)

宜家效应

Anne想约喜欢的男生出来,当面向他表白,便咨询我的建议,想知道该如何表白才好。但是,她并没有想到我给出的答案会是——不要表白。

我常常会听到有人抱怨:"男人得到女人以后就不珍惜了。"在一段关系中,想让男人珍惜你、对你认真,其实是有讲究的。我们从上一章的内容中了解了神秘感、不确定性和挑战性的重要性。的确,人们总是更为珍惜那些通过努力付出才能得到的东西,这是由人类的心理决定的。

我把这种现象叫作"娃娃机心理"。明明路边有很多一手交钱一手交货的货摊,在那儿就能买到娃娃玩具,可是为什么还会有那么多人执着于抓娃娃机的快乐?它的意义在哪里?难道抓娃娃机里的娃娃质量更好、价值更高吗?其实也不是。抓娃娃的意义就在于其努力的过程、潜在的奖励、对自己能力的考验和结果的不确定性。同样是为了得到一个玩偶，在抓娃娃机上，你需要付出更多的时间成本、金钱成本和足够的耐心，同时也需要一定的技术和运气。

正因如此，在得到娃娃之时，人们就好像中了大奖般有更多快乐的体验，更确切地说，这是赢得挑战后的成就感。娃娃本身的客观价值并没有改变，但从主观上，你付出了越多的努力，就会为它附加越多的价值。

女生就像可爱的娃娃一样，也需要让对方为了得到自己而努力一点。

人为什么去登山？因为享受攀登的过程。如果所有壮阔的高山都配备直达山顶的电梯，登山者一步也不用走，没有了沿途未知的风景和付出汗水的努力，登顶的意义也显得黯然失色。印度国父莫罕达斯·甘地（Mohandas Gandhi）认为，满足存在于努力里。幸福不仅在于结果，过程同样关键。

人们倾向于给自己努力投入心血和精力才能实现的结果赋予更高的价值。在社会心理学中，这种现象被称为"心血辩护效应"（Effort Justification）。人们通常会合理化自己的付出，为自己的努力寻找理由，由于投入付出而主观上夸大事物本身的客观价值。如果你在宜家家居（IKEA）买过家具，很有可能你已经感受到了"心血辩护效应"的作用。因为是自己动手动脑，花费了时间和精力，认真仔细地一步一步组装完成的家具，其成果使你更有成就感，在你的心目中，也赋予了它更高的价值。因此，"心血辩护效应"也被称为"宜家效应"（The IKEA Effect）。[1] 前不久，我也在家里组装了一个床头柜。不得不承认，组装完成后，让我觉得自己有一点厉害，很有成就感（不好意思，男人就是这样）！

努力增添价值

20世纪50年代时，美国的通用磨坊公司发明了一款新产品——一种方便蛋糕粉。购买该产品的家庭主妇只需加水搅拌，将其放入烤箱就可以烘焙出新鲜的蛋糕。此产品虽然方便，但销售量却很惨淡，该公司无法理解为什么这么方便的产品却卖得不好。后来，通过研究他们发现，消费者认为只需要加水就能做出蛋糕，似乎太简单了。之前，消费者想要做出一个蛋糕，需要备料、

---

[1] Norton, M., Daniel, M. and Dan A. (2012). The IKEA Effect: When Labor Leads to Love. *Journal of Consumer Psychology*, 22 (3), pp.453-460.

测量、称重、配比、搅拌等工序，经历一系列手工制作的过程，所以只加水搅拌就能烤出蛋糕，这让那时的家庭主妇觉得毫无参与感与成就感，不像是自己做的。因此，公司更改了配方，取消了原配方中的鸡蛋，让消费者自己加入两颗鸡蛋后进行搅拌。广告海报上的宣传语写着："Betty crocker cake mixes bring you that special homemade goodness…because you add the eggs yourself."（因为是你加入了鸡蛋，蛋糕才拥有了极佳的口感。）

　　自从公司做出了这些调整后，这款蛋糕粉越来越受到消费者的欢迎，销售额开始大幅度提高。只是让家庭主妇们多付出了一点点努力，就能使她们更有成就感，更喜欢产品，对做出的蛋糕也更加满意。

　　可能有人会觉得，这似乎有些不合逻辑。因为努力需要付出成本，在有选择的情况下，人们一般更倾向于做出尽可能低投入的选择，也就是最方便的。但其实，生活中的方方面面都充斥着"努力增添价值"的现实依据。[1] 比如，购物前付出的努力会提高人们对于产品的

---

[1] Inzlicht, M., Shenhav, A. and Olivola, C. (2018). The Effort Paradox: Effort Is Both Costly and Valued. *Trends in Cognitive Sciences*, 22(4), pp.337-349.

购买意愿。[1] 如果得到某一特定商品有一定的难度，比如限量购买，就会使产品在消费者眼中显得质量更高[2]；再比如，有的人为了买某品牌的最新款手机，愿意排一个晚上的队。在费尽心思终于买到独一无二的"限量款"时，他们更容易感到自己的收获是一种荣幸，从而格外珍视。

当然，很多人也希望可以不用排队就能购买到称心如意的商品，但在对待到手之物时心理上的珍惜程度的确有很大差异。人们往往不太珍惜那些容易得到的东西，越难拥有的东西，一旦拥有后越会将其视如珍宝。我相信大部分女生想成为男人最珍惜的高价值女神。为了做到这一点，在提升自己魅力的同时，你只需要做一件事：让他多一点努力。

很多年前，北京三里屯的商店很少，酒吧很多。有一次，我和朋友一起去过一个小酒吧，我已经很难想起它的名字，但依旧很清晰地记得，在吧台后的一面

---

[1] Tong, L., Zheng, Y. and Zhao, P. (2011). The Impact of Effort on Consumers' Purchase Decisions. *Acta Psychologica Sinica*, 43(10), pp.1211-1218.
[2] Giebelhausen, M., Robinson, S. and Cronin, J. (2011). Worth waiting for: increasing satisfaction by making consumers wait. *Journal of the Academy of Marketing Science*, 39(6), pp. 889-905.

镜子上挂着一个霓虹灯牌上面写着"No money, no honey."（没有金钱，就没有酒）。然而，这句话的另一种广为流传的解释是"没有面包，就没有爱情"。尽管不够押韵，但我还是更倾向于把这句口号换一个说法："No effort, no love."（没有努力，就没有爱情。）他不为了得到你而努力，就不配得到你的真心。

女神，请记住这一点：他的努力会增添你的价值。

黄金的价值

无论身处何种文化圈、无论置身什么时代里，自古以来，有一样物品始终被人们视若珍宝——黄金。它的化学元素符号AU源自罗马神话中的黎明女神欧若拉（Aurora），代表闪耀的黎明。由于黄金的稀有性和不易腐蚀性，很多古老的文化都将其看作永生和权利的象征，最早在公元前7000年左右已经开始被古代人类使用[1]。在美索不达米亚、古埃及、古印度等地区和国家，黄金成了统治阶级彰显其权力和地位的理想金属。[2]

---

1 Green, T. (1992). *The Gold Companion*. London: Rosendale Press.
2 Ivanov, I. and Avramova, M. (2000). *Varna Necropolis: The Dawn of European Civilization*. Sofia : Agató.

黄金的确极其稀有。据美国地质勘探局（USGS）估算，自发现黄金以来，其已开采总量大约为19万吨[1]，目前仅剩下大约20%的黄金可供开采。[2] 开采黄金可不是件容易事，大型地下采矿作业属于资本密集型产业，需要极高的机械化程度和技术水平，投资量大、成本回收也慢，因此，目前人类开采的黄金多数集中于地表，但是地表易于开采的金矿也已经所剩无几。这也在很大程度上奠定了黄金的价值基础。假如世界遍地是黄金，随便踢开一个石头就能找到，那么，黄金永远都无法成为对人类而言珍贵的金属。

1848年，瑞士移民约翰·萨特（John Sutter）在美国加利福尼亚州的科洛马市发现了黄金，正如当时一家报纸所指出的那样，这一发现"使公众走上疯狂的高速路"[3]，开始了所谓的"加州淘金热"。同年8月，已

---

[1] Usgs.gov, (2017). How much gold has been found in the world? [online] Available at: https://www.usgs.gov/faqs/how-much-gold-has-been-found-world [Accessed 28 May. 2020].

[2] The U.S. Geological Survey National Mineral Resource Assessment Team, (2000). *1998 Assessment of undiscovered deposits of gold, silver, copper, lead, and zinc in the United States.* Circular 1178. [online] Washington: U.S. Geological Survey, p.21. Available at: https://pubs.usgs.gov/circ/c1178/c1178.pdf [Accessed 2 Jul. 2020].

[3] Tikkanen, A. (Invalid Date). Gold Fever. [online] Encyclopedia Britannica. Available at: https://www.britannica.com/story/gold-fever [Accessed 6 Jul. 2020].

有4000名金矿工抵达该地区，并且在一年之内，大约有8万名"四九人"（指1849年寻求财富的淘金热移民）到达了加利福尼亚州的金矿。到1853年，人数已经增长到25万名。两年后，据估计有30万名寻宝者定居在加利福尼亚州。为了得到黄金，他们不惜一切代价，甚至是自己的生命。

在恋爱中，拥有长期吸引力的女人也往往能激起男人的"狂热"。你也可以成为"黄金女神"，通过展示你的内外魅力，让他知道你是世界上独一无二的珍宝。

用逆反心理让男人更想追你

著名心理学家罗伯特·B. 西奥迪尼（Robert B. Cialdini）在《影响力》一书中揭秘了为什么有些人极具说服力。他提出了六个关键的原则：互惠、社会认同、承诺与一致性、喜好、权威、稀缺性。虽然其所应用的领域主要以营销为主，但也同样适用于两性情感，尤其是最后一个——稀缺原则（The Scarcity Principle）。稀缺原则认为当东西稀缺、不易得到时，人们会觉得它更有价值，更想得到。比如，当英国航空公司宣布将取消伦敦至纽约航线的航班时，相关销售额反而飙升。其服务或成本都没有改变，仅仅因为它成了稀缺资源，就让更多人想要得到。[1]

美国乡村音乐歌手米奇·吉利（Mickey Gilley）在1975年发布了一首歌曲，名叫 *Don't the girls all get prettier at closing time?* 意为酒吧关门前，女孩都变得更漂亮了。有意思的是，心理学家发现，这首歌的名字反映了一个真实存在的现象——在临近酒吧关门前，人们会觉得异性更有吸引力。对于醉酒的人来说，这种现象其实可以理解，饮酒过量可能致使他们的判断能力受到影响。但学者发现这与饮酒无关，而是稀缺性心理在作祟。[2] 时间越晚、越临近酒吧闭店，也就意味着在酒吧寻找伴侣的时间越少，可供选择的人也所剩无几。因此，仅剩的异性在当局者眼里会更有吸引力。

因为服务员说"本活动的VIP名额有限"，所以你会更想参加。

因为服务员说"抱歉，我们餐厅暂时无法预约，6个月内都已预定满了"，所以你会更想去。

1　Cialdini, R. (2006). *Influence: the psychology of persuasion.* 1st ed. New York: Collins.
2　Johnco, C., Wheeler, L. and Taylor, A. (2010). They do get prettier at closing time: A repeated measures study of the closing-time effect and alcohol. *Social Influence,* 5(4), pp.261-271.

在美国作家马克·吐温（Mark Twain）的《汤姆·索亚历险记》中，汤姆被姨妈惩罚刷墙，不巧被其他小伙伴看到了。狡猾的汤姆便装作刷墙是一种特权，不让别人插手，结果小伙伴们不仅替他刷墙，还要向他付钱才能获得刷墙的资格。

其实，稀缺原则就像一种"逆反心理"，通过人的"反阻碍"（Reactance）心理在起作用。当人们遭受自由行为的限制时，就会努力为了保持个人行为的自由进行反抗。就像学校不允许学生染发，学生却偏偏想染一头金发一样。没有人喜欢被拒绝，也没有人喜欢被限制自由选择权，所以，当人们无法得到他们想要的时，就会更加努力去追求。

经典戏剧《罗密欧与朱丽叶》也是一个反阻碍心理的经典案例。由于双方家人的反对，他们的感情遭受了极大的阻碍，但这反而使得这对恋人的爱情更加强烈。这样的现象在心理学中也被称为"罗密欧与朱丽叶效应"——不被父母祝福的爱情，通常会让双方更加珍惜彼此，使两个人的感情发展得更加迅速和强烈。罗密欧与朱丽叶的结局是大家都知道的悲剧，但你的爱情完全可以拥有一个美好的结局。

黄金少，买家多：让他吃醋的力量

其实，大部分女生都懂得"黄金女神"的道理，也经常会用一种十分常见的技巧来激发男人的征服欲，以得到对方的加倍珍惜——让男人吃醋。研究发现，稀缺性能激发人的嫉妒心理以及男人之间的竞争。[1] 我们不得不承认嫉妒心理的力量，但问题是，让他吃醋是一把危险的"双刃剑"。不巧妙地运用只会让结果适得其反。

许多女生用错方法，十分刻意地试图让对方吃醋。比如在他面前和其他男人暧昧，向他暗示自己对其他男人有兴趣，经常与异性一起喝酒、泡夜店等。这些行为虽然的确会让男人吃醋，但只会让他生气。在男人眼中，以上行为都会被视为有潜在出轨倾向的危险因素，而这也恰恰会毁灭长期吸引力公式中的"信任"成分，让男人觉得要么是这个女生不适合他，要么她只适合和自己建立短期关系。那些显得"随便、花心、不靠谱"的行为，可能会让他吃醋，但是长期看却会损害你们的关系。

所以，想让男人吃醋，一定要选择更间接的方法让

---

[1] Arnocky, S., Ribout, A., Mirza, R. and Knack, J. (2014). Perceived mate availability influences intrasexual competition, jealousy and mate-guarding behavior. *Journal of Evolutionary Psychology*, 12(1), pp.45-64.

他知道：你很抢手，就像很多人想要的黄金；你很受异性的青睐，但你对他们无动于衷。这才是重点。

比如，你可以和他说："刚才在咖啡厅，旁边的人一直在看我，我离开的时候他还想要我的联系方式，真烦人！"或者"天哪，好可怕呀！今天打车的时候，司机竟然要了我的微信！"当他担心地问"那你给他了吗"的时候，你就要给他安全感："当然没有，怎么可能！"

或者，如果他夸你今天很好看，你可以说："谢谢，今天好多人这样夸我了。看起来这件衣服真的很适合我！"你并没有说是谁夸奖了你，也许是女性朋友，但是他的大脑会开始联想一些潜在的竞争者。

或者你可能因为打扮得很漂亮，吸引到路人的目光就让他吃醋了，但是他又不能责怪你，因为你并没有做错什么。

你不应展示对其他异性的兴趣，而应展示他们对你的兴趣。在他看来，你很受欢迎，但也值得信任。你是一个有长期吸引力的女人，他的吃醋只源于你的迷人，而不是你的不忠。因此，不断提升自己只有好处。你越有内外魅力，越会在男人眼中脱颖而出，成为最稀有的"黄金女神"。

现在的他想要对你投入更多的努力，希望能够彻底征服你的心，以确保自己捧在手心的"黄金女神"不会被别人抢走。因为他知道，如果自己表现得不够好，你有更多其他的选择。就像西奥迪尼所说，在对稀缺资源的竞争中，人们有着前所未有的巨大动力。

所以，要想让男人珍惜你，就要懂得激发他的征服欲，把"稀缺原则"和"宜家效应"巧妙地结合运用。记住，努力会增添价值，所以不要让他轻易就追到你。让他努力一点，要成为他想追到的"黄金女神"。

第六章
爱情博弈论
Play The Game Of Love

别过早"伺候皇帝"

爱情是一场双赢的游戏。——伊娃·嘉宝（Eva Gabor）

黄金变成塑料

"老师，为什么我喜欢的男生不追我，追我的都是我不喜欢的人？"

你遇到过这种情况吗？

你在面对那些不感兴趣的追求者时，总是能表现得大方得体、潇洒自信，所以自然而然地成了他们眼中的高价值女神。他们因而拼尽全力追求你，对你嘘寒问暖、关爱有加。

可是你喜欢的男生呢？他"坚如磐石、稳如泰山"，既不主动联系你，也从不约你见面。这使你无比焦虑，也十分缺乏安全感，因此在和他的互动中你也表现得有些不自在。由于得不到他的投入，你为了能和他的关系有所突破，选择了主动出击。结果在自己真正喜欢的人面前，不知不觉降低了自己的价值。

的确，偏偏自己不喜欢的男人对自己穷追不舍，而自己心仪的男人却总是对自己退避三舍。这是很普遍又残忍的现象。有两个关键的因素导致了这种现象：魅力值以及真实挑战性。

魅力值

关于这一点，你可以回顾第二章和第三章，这里不做过多赘述。

当然，某一个男人不够喜欢你，也没有什么大不了，因为没有人能让全世界的男人都爱上自己。无论你多优秀，总会有人对你不感兴趣。但是，为了避免这种事情经常发生（不是一个男人不喜欢你，而是大多数你喜欢的优质男人都不喜欢你），一定要尽全力缩短与优质男人之间的魅力值差距。

虽然魅力值很重要，但事实上，你会发现那些理论上非常有魅力的漂亮女人也会遇到同样的问题——不喜欢的男生对自己穷追猛打，喜欢的男生却对自己没有兴趣。这是因为她们的"挑战性"不真实。

真实挑战性

在不喜欢的人面前，一个人往往能够自然地展现自信心。无论是你的言谈举止还是一颦一笑，都使自己成为对方眼中的一个"真实挑战"。你的行为虽非刻意，但却让对方感受到了你的高价值。

尽管不喜欢对方，却不小心做出了最能吸引对方的行为。

但是，再有魅力的女人，遇到自己喜欢的男人，都很容易将自己的理性抛诸脑后。面对自己喜欢的男人，女生看过的一切恋爱理论都会完全蒸发。他隔很久才回复信息，女生看到信息却马上回复；他的回复都很敷衍，女生的回复则是一段"长篇小说"；他不付出时间和精力就想发生关系，女生却不想拒绝；为了不失去他，女生无条件地包容、接受他的一切行为。

因为太在乎对方，而偏偏展示出了自己最没有魅力的那些行为。

女生本想欲擒故纵，却为了不失去对方而不断降低自己的底线，结果导致男人更加不珍惜，因为他感觉到原来的"高价值"其实只是在虚张声势罢了。面对自己不喜欢的人时，你是耀眼的"黄金"。而在面对喜欢的人时，你委曲求全，会让"黄金"变成"塑料"。

不要成为可替代的"塑料女生"，而要成为"黄金女神",无论你多喜欢他,无论他多优秀,都要在维持自己的高价值的前提下,守住自己的底线。那么,具体如何设定并实施自己的底线呢?我会在第十一章中为你系统化地解答。

皇帝般的对待

每当我苦口婆心地和女生讲这些道理时,经常会收到这样的回答:"可是老师,我怕如果我这样做,他就会去找别人",或者"他有很多选择,如果我不主动找他,他会忘记我",再或者"如果我不去他家,我怕他以后不会再联系我",等等。

你发现她们掉进了一个多么糟糕的恶性循环吗?她们误认为,为了赢得优质男人的青睐就意味着需要降低自己的价值和底线。但对方不是不得轻慢的九五之尊,你也不是甘愿悉听尊便的侍女宫娥。别忘了,侍女宫娥永远得不到皇后般的待遇。所以,你要成为与皇帝平起平坐的皇后,而不是无条件伺候皇帝的宫女。

很多原本很有魅力的女生,正是因为这样的心态而栽了跟头。面对自己心仪的男生,为了不失去他而大量投入(无论他是否在她们身上有投入)。这样的话,在感情中，这样的关系就已经严重失衡了。

如果你犯过这样的错误，请想一想，你对待那些不喜欢的人是怎样的态度？是什么使他们如此想要得到你而更加努力地追求你？借鉴一下自己在面对他们时的心态：自信、有挑战性、有底线、需求度不高、淡定等。这样做，你所传达出的信号就在告诉他们，你是有真实挑战性的高价值女神。

所以，不要因为很喜欢一个人而放弃自己的底线；不要因为他很优秀，而忘记一切有效的情感法则。如果你没有得到应有的对待，请不要给他皇帝般的待遇。无论你是否喜欢，无论他是否优秀，请一视同仁。因为你的付出取决于他的表现——这就是爱情博弈论的基本原理。

爱情博弈论

各具不同目标或利益的双方，在同等条件的情境中，考虑对方策略的所有可能性而变换自己的对抗策略，以试图达到对自己最为有利的方案，这就是著名的博弈论。尽管博弈论是一个经济学理论，但实际上，它对生活中的决策行为的影响是无处不在的。

在传统的囚徒困境里,两名嫌疑人在作案后被捕,分别被关在两个单独的房间接受审讯。由于警方证据不足,于是向嫌疑人提出以下方案:如果两个人都保持沉默,各判刑一年;如果两人中其中一人认罪并做证检控对方,认罪的人会无罪释放,而保持沉默的人会判刑三年;但是,如果两个人都互相检举,各判刑两年。[1] 在无法沟通的前提下,谁也无法保证自己不会被对方背叛。所以,就理性而言,招供其实才是这场博弈的最优方案。如果对方不招供,自己可以无罪释放;如果对方招供,自己也能减少刑罚。

那这与好好谈恋爱有什么关系呢?我提出"爱情博弈论"这个概念在读者眼中也许看起来有点狡黠,仿佛恋爱是试图操纵对方而获取自己利益的一场战争。在战争中,总避免不了分出输赢胜负,但爱情不同,它是一场力求双赢的合作博弈。

重点在于,传统的囚徒困境是一种一次性互动的博弈,而在一段恋爱关系中,男女双方的互动是多次且不间断的,彼此的每一个行为决定都会影响对方的想法以

---

[1] Poundstone, W. (1993). *Prisoner's Dilemma*. 1st ed. New York: Anchor Books.

及作出的应对策略。简单来说，任何一方的举动都有可能让对方加深或减少自己的感情和投入。

这类似于生物学中的"相互利他主义"（Reciprocal Altruism）。比如，清洁鱼和它们的宿主之间的共生：清洁鱼在为其他鱼类扫除寄生虫的同时也收获了食物，宿主有时还会帮忙赶走清洁鱼的捕食者。两者选择了合作，双方的利益都得到了最大限度的保证。[1] 但一个重要的前提条件是，双方必须有经常性的互动，否则，宿主的最佳策略是在清洁鱼完成扫除后立即吃掉清洁鱼（但若要经常互动，这便是一个不可持续的战略）。

这种非一次性的互动关系，就是一种囚徒困境的重复博弈。那么，在爱情的重复博弈中，如何获得双赢的结局呢？在博弈论中，解决"重复囚徒困境"（Iterated Prisoner's Dilemma）的最佳策略，叫作"以牙还牙"（Tit For Tat）。[2]

这一策略有两个步骤：首先，在双方互动的第一个回合选择合作。然后，下一回合是否合作取决于上一回

---

[1] Bshary, R. and Grutter, A. (2006). Image scoring and cooperation in a cleaner fish mutualism. *Nature*, 441(7096), pp.975.
[2] BBC Horizon, (1986). *Nice Guys Finish First*. [image] Available at: https://topdocumentaryfilms.com/nice-guys-finish-first/ [Accessed at 13 Aug. 2020]

合对方是否合作，若对方上一回合背叛了自己，那么这一回合自己也选择背叛对方；若对方上一回合选择了合作，那么这一回合则继续合作。因此，要先友善（不背叛对方），后报复（如果对方不合作或遭到对方背叛，自己也选择不合作），再宽恕（当对方停止背叛，则原谅对方，继续合作）。当然，还有另一种解决方案——不可宽恕。一旦对方背叛，就再也不与对方合作。总之，在"以牙还牙"策略中，对方的每项行动都应被给予相匹配的回应。[1]

博弈论的"以牙还牙"策略可以总结为：我对你好，但是如果你不这样对待我，我就不会再对你好——这是爱情博弈论的核心策略，也是好好谈恋爱的关键法则。

仅凭喜欢，是不足以支撑整段感情的。在你喜欢对方的前提下，他的行为好坏和投入程度才应当是决定你投入程度的准则。在一段关系"以牙还牙"的过程中，最初你的态度是友善的，你对他好，他也对你好，所以你继续对他好（与他聊天、见面、亲密接触、建立情感

---

[1] Axelrod, R. (1984). *The Evolution of Cooperation*. New York: Basic Books.

纽带）；如果他对你不好（比如突然消失、不联系你、爽约等），那你便要惩罚他，同样以减少投入作为回应。如果他作出改变，重新对你好，你可以考虑再给他机会，逐步增加你的情感投入，再次对他好。或者，如果他实在对你太差，最终你也可以选择终止与他的关系，彻底离开。

简而言之，你的投入要与对方的付出匹配。

这与对方是多么有魅力的男人无关。如果他表现得不好，你就需要停止对他付出。他需要知道，如果他不"合作"，便会失去你的好态度。让他知道，为了让你们爱情的重复博弈持续下去，他需要好好表现，否则你就会退出。女生的这种底线，就是让男人表现得更好的动力。

当然，别忘了，在你的每一次行为中，对方也有机会采取"以其人之道，还治其人之身"的"以牙还牙"策略。如果你先选择了背叛，那对方也有选择报复和宽恕的权利。

下面，我们来看两个在感情中应用"以牙还牙"的具体例子。

约会对象和你约好周五一起吃晚饭，他说会带你去一个很浪漫的餐厅。因此，在周五的傍晚时分，你早早地精心打扮好，满心期待地准备出门。这时，他突然发信息说自己还在踢足球，怕来不及，问你是否介意明天再见面。

"好啊，没问题，你不要太累，那明天见"，有底线的女人不会这样回答。

这不意味着你要直接把他拉黑，但也不应该奖励他的这种行为。所以，你需要亮出你的底线："那你好好踢球吧。不过，我不喜欢这样的临时爽约"，或者"我明天没空，改天再说"。你不答应明天见面，也在不失礼貌的同时，表达了对他的表现的不满。当然，第二天也不是你主动找他。因为是他先选择"背叛"，所以你的回应不是立刻合作。他需要努力弥补你的损失，你才会再次考虑合作的继续。在他作出改变，比如在接下来的几天道歉并主动联系你，给予你更多的投入和尊重时，你再考虑见面的事情。

换一个例子，假如你的老公一直对你很好，但突然有一天，你发现了他的一次出轨。你会选择怎么做？你们原本幸福的"长期合作"突然遭到了背叛，这时，你不能假装若无其事地继续对他好，否则就是在鼓励他继续出轨，因为他看到对自己的背叛不用承担任何后果。当然，这也不一定意味着需要离婚，你可以宽恕他，但最起码要有一定的惩罚（你不搭理他一段时间，或者你让他搬走一个月，或者你去你父母家住几天，或者你亮出底线给他最后的通牒，等等）。只有在他作出真正的改变，持续努力弥补你们的关系以后，你才能考虑原谅他，并逐步（而不是马上）重新对他好。从温暖（合作）到冷漠（惩罚他的背叛），再回到温暖（原谅，重新合作）。如果你实在无法接受他的这种行为，无法原谅他的背叛，你也可以选择不再合作，选择离婚。

你是一个爱得大方并敢爱敢恨的女人，你愿意对另一半好，但是你也有自己的底线。你的友善是有条件的：合作必须是相互的。如果他表现得好，你便投桃报李；如果他表现得不好，你也不会逆来顺受。

总之，在爱情的博弈中，想让自己与恋人保持持久的重复互动，并拥有双赢的结局，请把以下三点铭记在心：

1. 做一个有真实挑战性的女人，别一不小心让自己变成别人眼中没有价值的"塑料"。

2. 他的投入要与你的付出相匹配，别向不投入感情的男人提供皇帝般的待遇。

3. 他需要努力,才有资格得到你的全情付出。

那么,在恋爱中,让众多女生格外看重的一项付出是什么?亲密关系。在下一章的内容中,我们会仔细探讨女生该如何把握发生关系的节奏,也会向你揭示什么时候才是"对的时候"。

在爱情中无须分出优胜者和失败者,因为爱是一场双赢的游戏。好好应用爱情博弈论,别过早"伺候皇帝"。

第七章
真爱没有直飞航班
Don't Rush Something You Want To Last Forever

掌握亲密关系的节奏

他们迅速地滑进一段亲密关系里,再也没有恢复过来。——弗朗西斯·菲茨杰拉德(Francis Fitzgerald)

Pick-up Artist("搭讪艺术家"PUA)的万能钥匙

我在韩国首尔认识了一个美国PUA。那天,我和一个朋友约好了去梨泰院吃饭。那时候首尔的梨泰院就像北京的三里屯,到处都是酒吧和餐厅,外国人也比较多。饭后,我们在一个小酒吧的吧台边喝边聊,突然一个人走过来"搭讪"了我们。"嗨,我叫Mike,你们来自哪儿?"没过几分钟,我们就已经知道他在韩国生活了两年,会说一点韩语,和韩国女友分手没多久等故事。在聊天的过程中,他突然很谨慎地四处张望,确认没有别人能听到。他悄悄地告诉我们,他其实是一个PUA。然后,便开始和我们分享起了很多他自己的那一套两性理论。

他认为能开任何锁的钥匙就是一把"万能钥匙",能被任何钥匙打开的锁就是一把"烂锁"。他用钥匙和锁的关系来比喻男人和女人的关系。

这样的话的确是有一些难听和刺耳，但是我为什么依旧要讲给你听呢？因为，在大部分男人的心中，这是一句"真理"。他们认为，太容易与之发生关系或者任何男人都可以轻易得到的女生，是不值得自己付出的。

"男追女，隔层山。女追男，隔层纱。"大部分人会把它理解为男人追求女人很难，而女人追求男人很简单。但是，事实真的如此吗？

"女追男，隔层纱"，实际是在说女生可以在短期内较为容易地吸引一个男生。哪怕是对于不够喜欢的女生，也有很多男人愿意和她们发生关系，但这句话忽略的正是本书始终强调的"长期吸引力"。男生愿意和女生发生亲密关系并不能代表她已经追求到了他，得到对方的承诺和真心相对来说不那么容易。

爱情套餐

在西班牙，每个餐厅上菜都有一个固定的顺序：头盘、主菜、甜品。头盘一般是沙拉、汤、面或者饭。主菜一般是肉或鱼。很多人在菜单套餐中最期待吃到的就是甜品，尤其是小孩子。他们总是不想吃蔬菜，勉强吃几口肉，可是等到甜品上桌，他们不需要任何人劝，巴不得连盘子都舔得一干二净。若是他们能够决定菜单，那么上的菜就会是甜品、甜品、甜品！

如果两个人的关系是一顿晚餐，那么，亲密关系就是爱情的甜品。99.999%的男人会像小孩子一样，期待直接吃到甜品，略过头盘和主菜，也就是那些追求女生的过程（主动联系、用心沟通、多次见面、互相了解、情感投入、关心照顾等）。

如果父母不够严格，总允许孩子不用好好吃饭就可以直接吃甜品；如果女生没有底线，总是让男人不用投入和付出就可以轻易吃到"甜品"……那么相信没有人会愿意拒绝。让孩子吃正餐是父母的责任，让男人投入和付出是女生应有的要求。

所以，要想让男人对你认真，就请按照正确的顺序"上菜"，循序渐进、慢慢品尝。让他期待"甜品"的到来，而不是第一道菜就是"甜品"。

最理想的恋爱菜单应该是这样的：

> **LOVE MENU**
>
> **头盘**
>
> 【追逐初期】
>
> 聊天、见面、互生好感
>
> **主菜**
>
> 【建立情感纽带】
>
> 彼此深入了解、投入、增强信任、付出真心（甚至承诺）
>
> **甜品**
>
> 【亲密关系】

随着时代的发展和思想的进步，人们的性观念越来越开放。这个过程也许会被一些人视为过于传统和保守过时。其实，爱情不是死板的，以上只是一个有利于建立认真的长期恋爱关系的模板。人各有异，自己的节奏依旧是自己说了算。那么，如果是你只想吃"甜品"呢？那也没有问题，这是你的决定。但是，如果你想要一段认真的感情，甚至是结婚，那么快速升级亲密关系就不是得到长期承诺的最佳战略。第一次约会就发生关系，最终拥有美好结局的情侣的确存在，但这就像有些人抽了一辈子的烟,照样也能活到90岁,但抽烟绝不是长命百岁的最佳方式一样,过快发生关系也并不是获得长期幸福的最佳方式。

我们说过,男人通常对"太容易得到"的女生不认真,只把她们视为短期伴侣。研究表明,性开放、易得性以及经验丰富,这些都是寻求短期关系的男人筛选性伴侣时注重的特征。[1]相反,当男人寻找长期伴侣时,正好会排斥这些特征。由于亲子不确定性的因素,寻找长期关系的男人,会更珍惜忠诚与纯洁的伴侣。一个女生不着急发生亲密关系会体现她长期伴侣的潜力。

在本书中我多次强调,人会更珍惜那些需要努力才能得到的东西,而在亲密关系中,这个法则格外重要。你可能听说过这句话:既然喝牛奶免费,何必买一头牛呢?同样,如果亲密关系是"免费"的,那男人何必还努力追求,做出承诺呢?

因此,一直以来女性都在通过"性抑制"(SEXUAL WITHHOLDING)来提高男人的投入。[2]

---

[1] Buss, D. and Schmitt, D. (1993). Sexual Strategies Theory: An Evolutionary Perspective on Human Mating. *Psychological review*, 100(2), pp.204-232.

[2] Buss, D. (2019). *Evolutionary Psychology: The New Science of the Mind.* 6th ed. New York: Routledge.

如果为了吃到"甜品",男人必须付出投入和努力,那么他们就会这样做,但如果"甜品"直接被双手奉上,他们当然也不会拒绝。

世上没有免费的牛奶,也没有不劳而获的工资。他想要赚钱,就需要努力工作、按时打卡,通过劳动为公司创造价值。为了拿到工资,他要努力。同样,无论是你的身体还是你的真心,都不是轻而易举就能得到的。

想让爱情持久,就别从一开始急于一时,别让自己陷入"快餐爱情",好的爱情值得慢慢品尝。

零坏处策略

俗话说,能够轻易得到的,无法长久;能够长久的,无法轻易得到。我们不妨用辩证的眼光看待事情,理性地分析一下快与慢、易与难,哪种选项会为这段关系带来坏处?

提高你的挑战性与让他努力后才吃"甜品"的好处我们已经讲过,有人认为这种选择带来的唯一坏处就是如果他想轻易地快点吃到"甜品",又没有等待"甜品"上桌的耐心,就会转身离开,寻找另一个女人满足他的"快餐需求"。可是,这真的是坏处吗?其实不然。不着急发生亲密关系，是淘汰"渣男"和不认真追求者的最佳方式，没有之一。

总是遇到只想玩玩的男人，是让女生特别头疼的一件事。可是，摆脱这种男人并不是那么复杂的事。他想认真恋爱，还是只想发生关系？在你展示魅力的同时让他等待，看看如果不能马上吃到"甜品"，他是否还会主动联系你、是否还会对你继续投入，还是对你不再搭理。毕竟继续投入对于只想玩玩的男人来说太不划算，还不如省下时间和精力去寻找一个更容易的目标。但是，对于寻求长期伴侣的男人来说，他不会介意适应你的节奏。如果你对一个男人有长期吸引力，他会愿意先吃"头盘"，再吃"主菜"，然后耐心等待"甜品"上桌。

这一点你要清楚：关系的节奏，要由女人说了算。大部分男人会试图尽快发生关系，就像喜剧演员比利·克里斯托（Billy Crystal）认为的那样，要发生性关系，女人需要一个理由，男人则只需要一个地方。男人总会跃跃欲试，并且，他早晚都应该试试。因为，如果男人不主动一点升级亲密关系，试试牵手、拥抱、接吻，那你和我都不会存在了。人类一直能够延续下去的原因是全世界的父亲升级了和母亲的亲密关系，否则我无法写这本书，你也无法阅读它。

所有男人早晚都会尝试发生关系，除非他只想做你的闺密，区别在于节奏。男女发生关系的节奏就好比猎豹和乌龟，一个快，一个慢。猎豹可以表明自己的节奏，可是最终他必须适应乌龟的节奏。

什么时候才是对的时候？

"老师，我明白了，可是，到底要让他等多久才好呢？"

许多女生问过我这个问题，到底什么时候才是对的时候？第三次约会？第十次约会？相处一个月后？在一起三个月？还是一直等到新婚洞房花烛夜？

对男人来说，"最快的时候"就是"对的时候"。可是对你呢？说实话，答案可能有些让人失望：不一定。没有法律给出这个问题的标准答案，每个人的标准、价值观和节奏也不尽相同，因此答案是因人而异的。

尽管时间是一个确定正确节奏的重要变量，但并不唯一。为了探索自己心底真正的答案，相处的频率、沟通的质量、信任和投入程度以及对方的靠谱指数等因素都需要考虑在内。有研究表明，情侣等待发生关系的时间越长，他们婚后的感情越好。[1]原因呢？美好的恋爱关系需要时间发展。在互相深入了解之前，在还不确定对方与自己想要的关系是否一致之前，快速升级亲密关系很容易导致失望。[2]事后才发现对方不想认真谈恋爱，还不如事前搞清楚。

过快与对方亲密还有一个风险，那就是很容易把散发荷尔蒙的激情误解为真爱，因而在还没来得及判断对方是否合适的情况下，不知不觉地就已经开始展开了一段恋情。

一个男人靠不靠谱、合不合适，没有人能够仅凭片面之交就看得一清二楚。也许你能在一个月内判断出来，也许你需要三个多月才能看清，每个人的情况不一样，但无论如何，你想淘汰只想玩弄感情的人，避免与不合适的人开始一段没有未来且日后会后悔的关系。

越了解对方的为人、越清楚地判断双方合适的价值观、建立越深厚的情感纽带和足够的信任，就越能够更确定也更放心地走入亲密关系的下一步，发生关系自然

---

[1] Busby, D., Carroll, J. and Willoughby, B. (2010). Compatibility or Restraint? The Effects of Sexual Timing on Marriage Relationships. *Journal of family psychology*, 24(6), pp.766-774.
[2] Sassler, S., Addo, F. and Lichter, D. (2012). The Tempo of Sexual Activity and Later Relationship Quality. *Journal of Marriage and Family*, 74(4), pp.708-725.

就是情到深处的水到渠成，而这都归功于你留给自己足够的时间来确定他就是那个对的人。如果你依旧犹豫不定，只有两种原因：一是时机未到，二是他不值得。

当然，不能忽略的是，男人的"亲密耐心"也有不同等级。有的男人愿意等到婚后，有的男人在约会几次后就觉得发生关系理所当然。约会过一两次还得不到就消失的男人，说明他本来就是在寻求短择对象。约会过300次还得不到而消失的男人，可能说明你的节奏使他忍无可忍，就像他不能在你没有准备好的时刻强迫你一样，你也无法在他耐心耗尽的时刻逼迫他继续等待。如果两个人的节奏无法协调，那就说明你们不合适。

总而言之，不要再纠结于约会过几次或者让他等待多少天，因为答案从不是一个具体的数值。为了找到自己的答案，你唯一要做的就是给自己足够的时间判断：A. 他是否适合你，B. 他是否对你认真。如果你们慢慢来，按照爱情菜单的顺序逐步展开一段恋情，你会发现，这一切都会自然而然地发生，没有小心谨慎，也没有踌躇和懊悔。这时，便是所谓的"对的时候"了。

你的身体并不是你的唯一的"价值"

很多女生担心如果和男人发生关系,就意味着将自己最重要的部分交付给了对方。她们过于严重地看待发生关系这件事,误认为自己的身体是她对男人唯一的吸引力,害怕男人在与自己发生关系后就不会再珍惜。亲密关系就好像是自己唯一的宝藏,一旦给了对方,自己就身无分文。

身体是女人能带来的唯一价值?这个想法挺可怕的。当亲密关系沦为感情中最重的砝码,一旦发生关系后,女生的不自信和不安全感就将暴露无遗,这会使她在男人眼里彻底失去魅力。不要因此否定自身的价值,女人的价值是全面的。

有人认为"男人只想要这一件事"……但大部分男人不仅仅想着与他人发生关系这一件事。

你的身体不是你唯一的价值,掌握亲密关系的节奏,也不是以操纵男人为目的的技巧。你不着急升级亲密关系,既因为你知道这样做男人会更看重你和尊重你,又因为你能以此看清对方的认真和投入程度,更因为你知道持久的爱情不必急于一时。

爱情的长途列车

如果你和一个男人刚认识没有多久，他已经准备向你求婚、计划你俩的未来、准备和你的父母见面，等等，这时候你应该及时刹车，让他慢点。亲密关系也好，一辈子的承诺也好，何必着急，着急的人更容易做出让自己后悔的错误决定。

美国的一项调查发现，与谈恋爱不到一年的夫妻相比，婚前谈过一两年恋爱的夫妻离婚的可能性要低20%[1]，而在一起三年再结婚的夫妻离婚的可能性更低。[2]

在决定步入婚姻、携手到老之前，我们要给彼此机会更好地了解对方，建立信任和纽带，这会产生更稳定的关系。这个道理每个人都心知肚明。不过，很多人无法接受"随便发生关系"，却选择"随便结婚"（闪婚）。前者可能让人第二天后悔，后者却可能让人后悔一辈子。

在感情中越着急，越容易犯错。有不少咨询过我的女生，在她们结婚几年生孩子后才发现，"天啊，其实我和

---

[1] Francis-Tan, A. and Mialon, H. (2015). "A Diamond is Forever" and Other Fairy Tales: The Relationship between Wedding Expenses and Marriage Duration. *Economic Inquiry*, 53(4).
[2] Khazan, O. (2014). The Divorce-Proof Marriage. [online] The Atlantic. Available at: https://www.theatlantic.com/health/archive/2014/10/the-divorce-proof-marriage/381401/ [Accessed 17 Aug. 2020].

我的老公并不合适"。与其在结婚几年后发现，还不如婚前趁早发现，及时止损。

同样，在恋爱过程中，不如在发生亲密关系前判断对方是否认真和合适。

想要好好谈恋爱，就要将爱情视为一段长途的火车旅行。你可以欣赏沿途的风景，也可以在每一站下车逛逛，体验旅途中的有趣和美好，然后再次出发，到达下一站。亲密关系就仿佛爱情之旅中的一站。在到达"亲密站"之前，总有一些必经的站点：相识站、相知站、升温站、信任站。历经每一站，彼此携手共同到达终点，才会使这段爱的旅程更有意义和价值。

美好的爱情是没有直飞航班的。因此，请乘坐爱情的长途列车，逐步发展你们的关系，享受旅途中的点滴美好，然后共同到达真爱的目的地。

PART 3

BALANCE LOGIC & EMOTION
平衡理性与感性

第八章
驾驭感性的野马
Love With Both Your Heart And Your Brain

做一个清清楚楚的当局者

凡事都有一件事是不可能的：理性。——弗里德里希·尼采（Friedrich Nietzsche）

再优秀的女生也会感情不顺利

"老师,我条件并不差,为什么还一直是单身?"

"我和他一直聊得很好,可是他为什么突然间变得很冷漠?"

"真的想不通,我和他的关系总是停留在暧昧期,很难进展到长期关系。我哪里做得不对?"

"文森,我喜欢的男生刚宣称自己有女朋友!我明明比她美,为什么他没选我?"

"老师!他想和我分手,我好伤心,我该怎么办?"

"我发现我老公有外遇,我们有一个孩子,我不知道现在该如何是好。"

"我为什么总会爱上不对的人?"

"他为什么不爱我?"

每天都会有来自世界各地的女生联系我,问我类似的问题。当然,感情不顺利,也不是什么值得羞耻的事。早晚谁都会遇到问题,这就是生活。但有意思的是,往往很多咨询我的女生,都是既优秀又聪明的人。她们有的是哈佛大学以及其他世界一流名校的学生,有的是上市公司的CEO,也有名利双收的女明星——那些大家认为不会遇到感情问题的人。

她们都是各自行业内的顶尖人物,但为何依旧还没有得到自己想要的爱情?为什么有的人曾经拥有爱情,却不小心失去?为什么感情之路总有坎坷?

我们在本书中屡次强调一个人越优秀越能长期吸引心仪的另一半。可是,为什么有那么多明明很优秀的人,偏偏还会感情不顺利?

理性的爱情

"感情"之所以被称为"感情"而不叫作"理情",难道不就是因为它是一件感性之事吗?巴尔扎克认为爱情是理性的放纵。理性的爱情还算什么爱情?

其实,在感情中加一点理性,并不意味着我们要抛弃所有的感性。我们不是机器人,情感(Emotions)是人类做出每一个决定时必不可少的因素。[1] 神经科学家安

1　Neil, R. and William, B. (2005). *Psychology: The Science of Behaviour*. Toronto: Pearson Education.

东尼奥·达马西奥（Antonio Damasio）提出了"躯体标记假说"（The Somatic-marker Hypothesis），解释了情感与情绪对于决策的重要性。据他所说，没有感性，我们是无法做出理性的决定的。在对额叶受损患者进行相关研究后，他发现他们都失去了感受情绪的能力。关键的是，他们的决策能力也因此受到严重损害。他们可以理性地描述他们应该做的事情，但是在实践中发现他们很难做出关于居住地、饮食等基本方面的决定。[1]应该吃苹果还是梨子？由于这个问题没有理性的决定方案，他们就无法作出相应的判断。情绪对于我们的决定至关重要。

古希腊哲学家柏拉图（Plato）在《斐德罗篇》中将灵魂形容为一名驾驭者和两只有翅膀的飞马拉着的战车。一只是黑马，代表欲望，一只是白马，代表精神，而驾驭者代表理性。他的目标是将灵魂提升到神圣的高度，但是黑马很难驾驭。

弗洛伊德也将精神分为三个部分：自我（有意识的、理性的）、本我（人最为原始的、满足本能冲动的欲望）

---

[1] Bechara, A., Damasio, H. and Damasio, A. (2000). Emotion, decision making and the orbitofrontal cortex. *Cerebral Cortex*, 10(3), pp. 295-307.

和超我（苛刻的良知、内在道德管制者）。本我创造需求，超我为行动增添道德规范，自我通过现实判断在两者中间权衡。

根据弗洛伊德的理论，我们的人格是由努力平衡这两种竞争的力量而发展出来的。超我要求自我按社会可接受的方式去满足本我。在一个健康的人的精神中，自我是最强的，在考虑各种情况的现实下，它可以满足本我的需求，同时不让超我感到不安。如果本我不受控制，冲动和自我满足将占据一个人的一生。如果超我变得过强，那么这个人将被僵化的道德驱使，会对自己进行过于苛刻严格的自我判断和自我批评。

自我就像柏拉图所说的驾驭者，需要驾驭两匹向不同方向行走的马。理智的驾驭者不忽视自己的感性，但也不让欲望凌驾于理性之上。每匹马都有其长处和短处，而白马像黑马一样可以将人引向错误的道路。太理性就会变成冰冷无情的机器人，太感性就会变成难以自控的野兽。这时，就需要理智的驾驭者把两者往正确的方向驱使。

在生活和爱情中，我们也需要有意识地面对现实，参考感性的反馈以及理性的判断，最终做出最明智的决定。中国作家郁达夫说，没有情感的理智，是无光彩的金块，而无理智的情感，是无鞍镫的野马。我们不能只凭借理性选择伴侣，也不能完全依靠感性去爱。我们不是毫无感性的钢铁之躯，也不能成为情绪和冲动的奴隶。

很多感情不顺利的女生的首要问题就在这里：她们的感性远远大于理性。她们总是会做出对自己最不明智的选择和决定。

在古代罗马诗人奥维德（Ovidius）的《变形记》中，美狄亚（Medea）就是感性与理性在迷恋中斗争的代表人物。她说："我被拉进一种奇妙的新力量中。欲望将我引向一方，理智将我领向另一方。我看到正确的方向，并且表示赞同，然后走向错误的那一方。"这句话实在是精彩，2000多年前的奥维德就能如此精准地描述现如今很多女生陷入的感情困境：她们明知对方不合适，却屈服于诱惑，忍不住奔赴对方所在的方向。

我每天都在亲眼见证这样的情况发生：多少人会爱上不适合自己的那个人；多少人被迷恋和激情蒙蔽双眼，偏偏把自己的心托付给一个会把它撕碎的人；多少人明知道对方不爱自己，却依旧愿为这段感情赴汤蹈火，在所不辞……

感性远远大于理性，使她们自欺欺人，执迷不悟，自讨苦吃。难道她们都很傻吗？不，她们只是凡人而已。

人是不理性的动物

虽然古希腊思想家亚里士多德（Aristotle）说"人是有理性的动物"，但其实人类比我们想象的还要不理性得多。拖延症就是一个好例子——为了得到及时满足而抛弃长期目标。

你想要一副好身材，理智上知道自己应该锻炼、健康饮食，但今天没有心情锻炼，身体就不听大脑的话，受当下的感受支配，最终选择待在家里偷懒、吃零食；你知道自己应该工作，但当下的自己更想玩手机，因此你一直在手机的世界里遨游；明天有考试，你知道自己应该复习，但还是一直在看美食博主的视频……在理性层次上，我们每个人都知道自己应该做什么，但我们的行动往往会跟着感觉去做正好违反理性的那些事。

比如说，一边开车一边查看手机是一件很危险的事，在美国，大约9%的车祸是这个原因导致的。[1] 人

---

[1] National Highway Traffic Safety Administration, (2020). *Overview of motor vehicle crashes in 2019 (Traffic Safety Facts Research Note)*. Washington: NHTSA's National Center for Statistics and Analysis.

人都清楚这样做的风险所在,但基本上每个人都承认自己做过。心理学家丹·艾瑞里(Dan Ariely)专门研究了人的非理性行为,他说:"我们通常认为自己扮演着驾驶员的角色,可以最终控制我们所做的决定和生活的方向,但可惜的是,这种想法多是出自我们想要如何看待自己,而非现实。"[1]

艾瑞里在伯克利大学进行了一项实验。他先是问了被试一系列的问题,接下来要求他们在性兴奋状态下再次回答同样的问题。结果表明,人们在兴奋状态下根本没有意识到他们的决策有多么不同。比如说,在正常状态下,他们通常会说在进行性关系时会选择戴安全套,但在性兴奋状态下,他们愿意忽略安全套的可能性提高了25%。[2] 在冷静时,人们通常会对某种行为说不,但这种承诺在性兴奋状态下很有可能无法坚持。

有时候,只需要快到吃饭的时间了,就足够影响我们的理性判断。研究人员检查了八名以色列法官对罪犯假释请求的1000多个裁决。法官在早晨会通过65%

---

[1] Ariely, D. (2010). *Predictably Irrational: The Hidden Forces That Shape Our Decisions.* New York: Harper Perennial.
[2] Ariely, D. (2010). *Predictably Irrational: The Hidden Forces That Shape Our Decisions.* New York: Harper Perennial.

的假释请求，可是随着时间过去，通过的概率会快速下降，最终降至0%。吃饭时间过后，通过率会再次回升至65%，然后随时间再次下降。这是为什么？研究者认为，法官可能只是因为饥饿而脾气暴躁，从而使裁决更为严格，也有可能是因为一直在做决定而使他们精神疲劳。[1] 一个人能重获自由还是依旧留在监狱，居然与法官的饥饿与疲惫程度有关，而不是完全根据客观事实决定的。理性地看，为了公正，法官应该总是保持同一标准，无论他的状态如何。但法官也是人，人类通常难以做到完全的理性。

当你饥饿、生气、孤独或疲倦时，小心！

的确，我们的理性很容易受到影响。在感情中，很常见的例子就是"分手懊悔"。和男朋友吵架，在负面情绪的高峰时刻，一气之下提出分手。第二天冷静过后，便开始后悔，发现自己其实很爱他，生活里不能没有他，明明"分手"只是一时的气话，想让他更在乎自己

---

[1] Danziger, S., Levav, J. and Avnaim-Pesso, L. (2011). Extraneous factors in judicial decisions. *Proceedings of the National Academy of Sciences of the United States of America*, 108(17), pp.6889–6892.

才做出了冲动的决定。可是，他可能已经很伤心，不想再和好了。此刻女生心痛不已、悔不当初，只是因为短暂失控的情绪而失去了一个彼此相爱的伴侣。因为失去理性，伤害了对方，也伤害了自己，更伤害了一段本应美好的感情。

情绪像是决策的扳机，使人们的非理性行为一触即发。生理因素，比如前文提到的饥饿与疲惫也是影响情绪的关键因素之一。在被问到如何避免非理性行为时，艾瑞里的答案是："提高对自己非理性行为的意识。尤其是在我们很容易采取非理性行动的情况下。"但说起来容易，做起来难。连法律都会有不理性的情况，更不用说爱情了！那么，如何才能提高这种意识呢？

一个有助于提高自我意识的工具——HALT（意为"停止"）。其中每个字母代表不同的状态：Hungry（饥饿），Angry（生气），Lonely（孤独），Tired（疲劳）。HALT提醒我们，在做出行为决策前，先暂停一下，观察一下自己是否感到饥饿、生气、孤独或疲惫。因为在这四种状态下，人们很容易难以自控。

我爱人平时的情绪一向积极稳定，但时间久了，我总能发现她莫名烦躁的时候，大多是因为饿了却没能及时吃饭。这时我就知道我们应该吃饭了。但是，她小小的身躯里有着大大的胃口，时常在不该饿的时候感到很饿，而我无法实时预测。这时候，她也会非常"友善"地提醒我：我现在很饿，心情不好，可不要轻易惹我。这时只要通过消除饥饿，就可以让两人的感情生活更加顺利。因为她的自我意识和我对她状况的了解，成功避免了感情中很多不必要的矛盾。

如果大家能多用HALT来提高自我意识，关系中的很多矛盾、吵架、分手都是完全可以避免的。因为无关紧要的小事而吵得不可开交，很多时候触发点可能只是几个小时没吃饭、昨晚没睡好、月经来了或者工作不顺利等导致心情不好。这些情绪的爆发点可能都与对方无关，只是恰好对方在你面前而已。因此，他不幸地遭遇了你的坏情绪。所以，在做出决定前、在还没发火时，暂停一下，用HALT来自我检测一下：是对方真的做了很过分的事情，还是只是自己因为其他原因而心情不好？你是真的不爱他才想分手，还是只是此时此刻处于情绪崩溃的边缘？

其实，我认为HALT还应该加一个字母"E"。E代表Excited（兴奋），因为就像前文所提到的，兴奋状态也会时常使我们的理性迷惘。迷恋所促发的激情，异性魅力所产生的诱惑，这些都是人在感情中失去理性的常见原因。就像美狄亚明知道不该做什么，但依然忍不住放任自己去做。很多女生偏偏选择"渣男"，也正是这个原因——理性告诉自己对方不靠谱，可是感性却被他的吸引力牵着鼻子走。

自我意识（Self-Awareness）是对自己身心状态以及自己与客观世界关系的认识，是情商的组成部分之一[1]，也是在容易冲昏头脑的爱情中，依旧得以保持理智的重要切入点。如果拥有自我意识，你就可以客观地评估自己、管理自己的情绪，使自己的行为与价值观保持一致。

当我们清楚地看待自己时，我们将做出更明智的决定。[2] 那么，要如何利用自我意识来抵抗诱惑，在感情中保持理性与感性的平衡？

---

[1] Goleman, D. (1995). *Emotional Intelligence: Why It Can Matter More Than IQ*. New York: Bantam Books.

[2] Ridley, D., Schutz, P., Glanz, R. and Weinstein, C. (1992). Self-regulated learning: The interactive influence of metacognitive awareness and goal-setting. *Journal of Experimental Education*, 60(4), 293–306.

做一个清清楚楚的当局者

俗话说，当局者迷，旁观者清。你也许有一个这样的闺密，她总是为你的爱情出谋划策。她会告诉你应该和男生说什么和做什么；你在和你喜欢的男生聊天时，她会告诉你是否要回复、什么时候回复、具体回复什么；她总是很清楚，这个男生是否适合你；她总是能告诉你，你应该和他继续谈下去还是该分手。她总是充当别人的恋爱军师，而自己的感情却一塌糊涂。

可能你自己就是这样的闺密。在别人的感情中总是看得最清楚，能为他人给出最合理的解决方案，但在自己的生活中则时常感到困惑和无助，无法准确判断什么是最好的选择和行动。面对别人时极为理性，在自己的生活中却过于感性。正所谓"不识庐山真面目，只缘身在此山中"，也许正是我们离自己的生活太近而模糊了双眼，很难用旁观者的眼睛看清自己的处境。不过，尤其是在恋爱中，我们应该做的就是"当局者清"。先作为旁观者静观自己当下的处境，并且，像对自己的闺密一般，为自己提供最理性的解决方案。

打个比方：你喜欢的人几天没有联系你，让你很失望。因此，你想去他上班的地方找他给你做解释。

可是，停下来想想，如果这件事发生在你闺密身上，你不会让她做这样的事情，对吧？因为你知道这样做可能会让自己显得像一个情绪不稳定的"跟踪狂"。因此，你会停止不理性的想法，选择不去这样做。你是自己最好的朋友，所以真的要像对待最好的朋友一般对待自己，给自己提供最佳建议。在做出决定之前先问问自己：如果我的朋友遇到了同样的问题，我会真心地给她怎样的建议？

如果你不会让朋友继续和"渣男"相处，为什么自己还要继续和这样的人纠缠不清？

如果你不会让闺密不断主动联系男生甚至向他表白，为什么自己却要这样做？

如果你不会建议闺密在第一次约会时去男生家，为什么自己却没能拒绝他的邀请？

如果你会鼓励闺密离开某个不认真对待感情的男生，为什么自己还期待他会回心转意？

如果你会建议她选择靠谱的男生，为何自己不擦亮双眼？

换位思考，如果你能够为自己最好的朋友提供这些理性的建议，就说明你明明有分辨是非的能力，其实你是一个特别理性的人，只需要把这种理性也运用在自己的生活中就好。

这种换位思考的方式被称为"第三人称想象法"（Third-person Imagery）。比如说，人们通常会低估完成某个任务需要的时间，但是，当换到第三者的角度时，他们通常能更准确地评估所需时间。事情发生在自己身上则会判断错误，事情发生在别人身上却能得出真知灼见，恰恰应了那句"当局者迷，旁观者清"。在爱情中，我们每个人扮演的不仅是主角，还要做一个坐在观众席的观众。"第三人称想象法"能使我们更客观地看待现实，从而做出更合理的决定。[1] 下次，当你遇到问题时，请将自己想象成自己的闺密，并为她提供最合适的解决方案。

让自己在感情中做出理性选择的另一种方法就是利用"群众的智慧"。我小的时候经常看一个叫作《百万富翁》的电视节目。参赛者需要连续回答15道4选1的单项选择题，如果全部答对，就能够获得一笔巨额奖

1　Buehler, R., Griffin, D., Lam, K. and Deslauriers, J. (2012). Perspectives on prediction: Does third-person imagery improve task completion estimates? *Organizational Behavior and Human Decision Processes*, 117, pp.138-149.

金。当参赛者遇到难题，不知道选择哪个答案时，可以利用3个锦囊来帮助答题。第一个锦囊能帮助他排除两个错误选项，剩下一个正确一个错误的选项；第二个锦囊可以让参赛者打电话给亲戚或朋友，看看他们是否知道答案；第三个锦囊可以让在场的观众投票选择答案，让参赛者参考。观众中总有一些人会说错答案，但被最多的观众选择的答案，很有可能就是正确的答案。据说，让观众回答问题的正确率为91%，而向亲友求助的正确率仅为66%。[1]

让观众回答问题就是所谓的"群众的智慧"。在感情中，当你遇到问题，比如不知道该不该和男朋友分手，于是与10个闺密倾诉你们的故事后，如果其中8个很明确地劝你一定要分手，那很有可能她们的看法就是最正确的答案。问1个闺密不够，因为也许她给你出的只是馊主意。问10个闺密，对于做正确的决定更有帮助。当自己被情绪掌控时，很难做出理性的决定，参考"观众"的建议，能够帮助自己做出最有利的选择。

1　Skidelsky, D. (2004). Always ask the audience. [online] The Telegraph. Available at: https://www.telegraph.co.uk/culture/books/3620109/Always-ask-the-audience.html [Accessed 8 Sep. 2020].

想好好谈恋爱，请不要只跟着感觉走。被"渣男"伤到心碎的女生都跟着感觉走了；与还不够了解的人闪婚，不久后就离婚的女生曾经也是跟着感觉走；和自己很喜欢的约会对象不断发信息，最后吓跑对方的女生，也是跟着感觉而行动。跟着感觉走（很多时候）是一个很差的选择。

爱情十分感性，但是如果要让它永远枝繁叶茂，我们需要加一点理性。做自己感情的旁观者，成为看问题清清楚楚的当局者。

从过往的错误中学习，获得宝石

西班牙语中有一个说法叫"人是唯一能在同一块石头上绊脚两次的动物"。的确，很多人经常会犯同样的错误，却还是执迷不悟，屡教不改，然后再一次进入明知故犯的"死循环"。人非圣贤，孰能无过。当我们犯错时，总有以下两种选择：

1. 甩锅。犯错后的羞愧与难堪，使自己对错误不予理睬、矢口否认或寻找借口推卸责任，因而无法从错误中学习，进入"死循环"也在所难免。

2. 认错。接纳自己的过错，并反思到底发生了什么、是如何发生的，然后改过自新，避免再次犯同样的错误。

著名投资者瑞·达利欧（Ray Dalio）说过："发现问题就像搜寻迷宫里镶嵌的宝石，走出了迷宫，就能获得宝石，让人生变得更好。如果你的理性思维很好，那你应该很乐于寻找问题，因为发现问题会让你更接近目标。"[1] 每个人都会犯错误，但并不是每个人都能发现问题所在，并从中获得宝石。但是，你可以做到。

在多年情感咨询工作中，我总结了女生面对爱情时常会犯的错误，以及阻止她们获得幸福爱情的一些原因。请你对照下述错误，找出自身的原因。

不懂男人，不懂得两性法则。

不会聊天，不懂暧昧的艺术。

不懂得处理矛盾、维护感情，习惯埋怨别人。

过于主动和黏人，太着急谈恋爱，缺乏挑战性。

过于被动和高冷，让男人失去动力。

过于强势和任性。

有过多的负能量，认为男人都是负心汉。

---

[1] Dalio, Ray. Principles: Life and Work. New York: Simon and Schuster, 2017.

缺乏个人魅力，懒得提升自己。

缺乏女人味，压抑自己的性感。

缺乏自我意识，不够了解自己的需求、情绪不够稳定、自控能力差。

缺乏安全感，不够自信，甚至自卑。

缺乏底线和立场，太容易被他人操控。

失恋后的自我恢复能力差，拒绝再次敞开心扉。

总是忽略对方身上的危险信号[1]，试图改变"渣男"。

总是选择最不适合自己的人，白白浪费时间。

……

如果你能够诚实地回答，就能够清楚地知道自己曾经踩过多少感情的雷区。每个人都可以在感情中主动"排雷"，降低"踩雷"的风险，少做那些破坏自己魅力的行为，多做那些让感情更顺利的行为。当然，每个人都有自己独特的故事和情感经历，因此，每个人需要提高的地方也有所不同。所以，想要好好谈恋爱，首先要好好分析自己。如果一直以来感情不顺利，

---

[1] 危险信号（Red Flags）原指作为危险信号的红色旗帜，在人际关系中指一种可能无法建立健康关系的迹象，比如一个人的行为对亲密关系缺乏尊重、忠诚或兴趣等。

或者得不到自己想要的，那就要问问自己："问题出在哪里？"

想要改善现状，就需要搞清楚问题所在及其来源。很多人完全察觉不到问题出在哪里，一直盲目地往前走，不断重复过去的错误。不过你和他们不一样，正在读这本书的你是聪明的女神，所以要提高自我意识，懂得自我分析，找出在过往感情中出现过的问题，通过内省而明晰眼前的路，避免在同一块石头上屡次绊脚。

在感情中加一点理性，发现问题所在，然后从中获得宝石。

从分析家到行动派女神

自我分析是重要的，可是如果知道问题出在哪里，却什么都不做，再全面的分析也只是白费功夫。知识固然重要，但是不学以致用，对于改变现状也是没有多大帮助的。你完全可以背下这本书的内容，可纸上谈兵的意义不大。要先学习然后实践，先分析然后行动。

假如你最近感到不自信，照镜子时对身材不够满意，通过自我分析，你判断是因为这几个月胖了不少。因此，你开始浏览关于健身和健康饮食的书籍和视频。

你的大脑已经充满"如何拥有完美身材"的知识，可是你却依旧每天窝在沙发里吃零食，哪怕你拥有世界上最好的健身专家的指导，你还是无法练出马甲线。

很多人其实知道自己该做什么，可是总会选择抱怨，把责任推脱给其他方面：身材走样是因为基因遗传；没有遇到合适的男朋友是因为现在的男人都是"大猪蹄子"；没有称心的工作是因为别人托关系、走后门抢了自己的位置；等等。

其实，面对所有的情况，都有一个方案帮你立刻改善现状：采取行动。

身体超重，怎么办？行动！从今天开始别再喝饮料，选择喝水或者喝茶，减少碳水化合物的摄入，尽量少乘坐电梯，多爬楼梯，到健身房，多做有氧运动，多做高强度间歇训练，等等。

经常和伴侣发生争执，怎么办？行动！从今天开始多学习沟通技巧，学会换位思考，开始用更有效的方式表达你的感受，与他进行有效沟通。

很想谈恋爱，但是依然单身，怎么办？行动！这周末去参加一个社交活动，答应和一个追你的男生吃饭，拿起手机联系朋友，告诉他们可以给你介绍相亲对象。

看完这本书,你会学到很多实用的知识,但接下来的一步该由你自己来走:要理性地分析问题,找出原因,然后采取行动。你可以借鉴他人的知识,但无法借鉴他人的行动。只有你自己亲力亲为,才能改变自身的现状。你还在等什么?做自己生活中的女强人,开始创造自己的命运。

如果你正在面对情感问题,请拿出一支笔,跟着以下步骤写下你的答案。

第一,着眼当下

请分析一下你现在的感情状态。想一想,你当下的感情在哪些方面不够顺利?问题是什么?

第二,回顾过往

在过去的感情中遇到过类似的问题吗?反思一下从

前的感情经历与现状有什么共同点?

第三，追根溯源

问题的来源是什么?是什么导致了这种情况?

第四，解决方案

你可以做什么来改变现状?你打算做哪些行动去解决这些问题?请写出你立刻可以采取的行动(今天就可

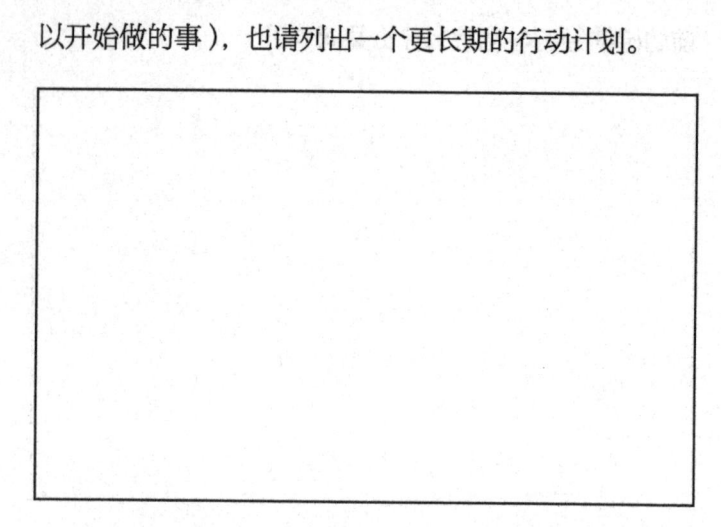

以开始做的事），也请列出一个更长期的行动计划。

举个例子

- 着眼当下：单身了很多年，一直处于空窗期，很难遇到合适的人。每次和喜欢的人最多发展到暧昧期，就没有下文了。感觉就像播放一盘录音带，前奏刚起就无法播放了。

- 回顾过往：过去仅有的两段感情经历，也十分短暂，以对方觉得不合适告终。

- 追根溯源：遇到喜欢的人，自己就很容易变得黏人，需求度太高，以致让对方感到窒息，无法接受。可能因为自己空闲时间比较多，总是需要对方来填满自己的生活。

- 解决方案：从让自己的生活更丰富开始。今天开始可以报名一个瑜伽课程、读一本书、开始社交活动，让自己的闲暇时光更精彩。从更长期看，要养成一些新的习惯，让自己有事可做。也许是做一点小生意，或者培养一个新爱好。在下次和喜欢的男生的互动中，更有意识地控制自己的需求度，多把时间和精力集中在自己身上，黏人的问题可能就迎刃而解了。除此之外，为了拥有自己想要的爱情，并最终修成正果，将文森老师书中的知识运用到下一段关系中。

感情中的理性不仅在于分析自己的不足和掌控自己的情绪。在看待对方和彼此的关系时，加一点理性也尤为重要——可以帮你更清楚地判断现实、看清关系的节奏、衡量对方的投入，辨别他是不是一个靠谱的长期伴侣，等等。加一点点理性，会帮你在感性的爱情中，做出最明智的选择。

在接下来的几章中，你会发现在爱情的各个方面"加一点理性"更为具体和广泛的运用，学习如何"加一点理性"，就可以选对人、爱对人，成为一个能平衡感性和理性的聪明人，最终获得爱情的宝石。

第九章
喜欢与合适是两回事
Not Everything You Like Is Good For You

开启你的主观价值雷达

闪光的并不都是金子。——威廉·莎士比亚（William Shakespeare）

"我就喜欢"

我有一个亲戚，今年刚满40岁。她年轻时很漂亮，但是近年来状态急转直下，尤其是健康方面。在很大程度上，她的过早"衰落"是因为她的生活习惯。她特别爱吃各种垃圾食品，麦当劳已经成了家常便饭，她几乎很少在家里做饭，在家吃的也都是些速食加热的快餐。她几乎从不喝水，每一顿饭的标配是冰可乐，据她说是因为"水太难喝，难以下咽"。结果，就在几年前，她被诊断为Ⅱ型糖尿病。她虽说不是特别胖，但也体重超标，再加上糖尿病有引发心肌梗死的风险，很明显，如果不立刻做出一些改变，她的未来似乎不容乐观。

我平时比较注重饮食健康，也关注了很多健身和养生的知识。有一天，她邀请我去家里做客，于是我提前准备了一些用来说服她改变现状的资料。我晓之以理，给她讲述了很多关于治疗糖尿病的实际方法和真实案例，劝她一定要试试低碳水化合物的饮食方式，一定要用水或茶来取代可乐，等等。其实，这些内容是人人都可以在网络或书籍上查阅到的常识，并不是什么深奥的知识。世界从不缺乏信息和资源，缺乏的只是动力和行动。尽管她嘴上说着"好的，知道了"，但明显能感觉到她的态度敷衍。

几个月后，我关心地问她的低糖生活进行得怎么样，她便和我坦白："哎，不行，那些东西我真的都不喜欢。不能吃薯条和面包，不能喝可乐，生活简直就失去了乐趣。"我再次强调了这些食物对糖尿病患者的危害，她坚持说道："可是没办法，没有它们，我实在太难受了。我就喜欢！"

一个健康状况越来越差的糖尿病患者，因为"我就喜欢"，继续每天喝着高糖分的饮料，每餐离不开碳水化合物，凭借自己的喜好"享受"生活。正如我们上一章提到的人类的非理性行为，我的亲戚就是一个典型的例子。"我就喜欢"，这是多少人在做不该做之事时的首要借口。我们无法强迫一个人改变，无论你提供多少有力的证据和合理的理由。自己想要装睡的人，是没有人能够叫醒的。

我们不能仅凭"喜欢"而在生活中为所欲为。因为，并不是所有我们喜欢的东西都适合自己。在两性关系中，懂得这个道理尤为重要："喜欢"和"合适"是两回事。

你可以很喜欢一个男人，就像我的亲戚喜欢快餐和可乐，可是，他真的适合你吗？他是你最好的选择吗？你们会有幸福而美好的未来吗？实际上，在面对这些问题时，许多女生都很迷茫。她们不确定如何判断清楚一个男人是否真的适合自己。甚至在众多追求者中，通常偏偏会选择最不适合自己的那一个。

可是，为什么会这样？

有时候选择一个人不是因为特别喜欢对方，而是因为太急迫地想要脱离单身的状态，或者着急结婚。因此，当遇到一个条件差不多的男人时，便没有足够的耐心和时间去观察和了解，因而无从判断对方是否真的合适。

但是，除此之外，很多时候并不是因为自己着急恋爱，而是因为另一个更强烈的理由：自己非常喜欢这个男人，甚至彻底爱上他了。无论彼此的性格和价值观是否合适、无论他是否在乎自己、无论他对待感情投不投入、认不认真，此时此刻的自己会选择睁一只眼闭一只眼。荷尔蒙的飙升让自己忽略了对方的真实面目，告诉自己这一生非他不可。此时，如果试图警告自欺欺人的女生对方不合适，简直比劝我的亲戚低糖饮食还难！再理性的分析也没有用，"可是，我就是喜欢"是她们唯一的答案。

我小时候最爱看的动画片是《猫和老鼠》，汤姆猫和老鼠杰瑞的斗智斗勇和相爱相杀不知陪伴了几代人的童年。汤姆总是会策划一些捉鼠圈套，一般都是用老鼠最爱的美味奶酪来设计陷阱。可是对汤姆来说，不幸的是，杰瑞特别聪明，尽管每次都会被奶酪吸引，却总是能够机智地避免落入圈套。

而一些女生并不会像杰瑞这般聪明地避开陷阱，反而更像懵懂莽撞的小白鼠，因为很喜欢"吃奶酪"，所以选择自投爱情的罗网。但其实，我们都可以向老鼠杰瑞学习，不能仅因为喜欢，就去追寻那些不适合自己（甚至危险）的人和事物。

好的感情不能只追随内心，也需要听从大脑。好好谈恋爱的必备基础技能就是平衡好感性与理性。感性的野马会告诉自己"我很喜欢他"，请勇往直前地向前冲。但作为理智的驾驭者，你需要权衡利弊，判断喜欢的人是否真的适合自己，掌控正确的方向。

我知道做到这一点并不容易。对于一些人来说，甚至比让我的亲戚不喝可乐、不吃垃圾食品还要艰难。他们的感性总是占据决定的主导权。

那么，如何才能理智又不失感性地辨别自己喜欢的人是否合适？为了回答这一问题，在我的恋爱理论中，我提出了两个极为关键的概念：客观价值和主观价值。

客观价值VS主观价值

一个男人的客观价值指的是他的条件，比如：帅气、个子高、身材好、事业成功、富有、有名气、有社会地位、学历高、有文化、有素质、家庭背景好、情商高、会聊天、性格有趣等，一切的内在和外在条件。与我们第二章讲到的"婚姻市场价值"相似，条件越好的男人越有市场，也越被大家视为价值高的人。

当然，没有女人不喜欢优质男人，但问题的关键在于，很多女生在选择伴侣时，注意力只集中在对方的这些客观价值上，而忽略了其他更为重要的因素：这个人的主观价值——在关系中的付出和投入对你产生的情感价值。

简言之，如果客观价值指的是一个人的条件（婚姻市场价值），那么主观价值就是一个人对你的投入（情感价值）。

举个直观一点的例子。谁的客观价值特别高？比如男明星、歌手和演员一般又帅，又有才华，又有名气，又富有，很多女生对他们着迷。你可以在心里想象一个心目中最有魅力的男明星，但你只是他的一个粉丝，无法和他亲密互动。

在这种前提下，你不开心时，他会哄你吗？你需要人陪，他会不顾一切地来到你身边吗？他会每天都联系你、关心你、说自己很想你吗？在你需要倾诉的时候，他愿意倾听你的心声吗？他会在你需要帮助的时候支持你吗？他会在每天睡前和你互道晚安，给你甜蜜和安全感吗？他会给你一辈子的承诺吗？

答案是：不，他不会。

他的客观价值的确很高，甚至是男人中最高的那一批，但对你来说，他没有任何主观价值。说白了，他的魅力值再高，对你找到真爱也没有意义。

就像人不能仅凭面包生存，你也不能单靠他的客观条件获得幸福。他也需要满足你的一些情感需求，他要在乎你、关心你、照顾你、哄你、保护你、主动联系你、和你沟通、投入时间和心思在你身上等。如果缺乏这些，无论他条件多好，你在一段感情中都很难幸福。

用明星举例子可能夸张一些，但面对你生活中所遇到的异性时，也是一样的道理。比如，你很喜欢一个男生，他是你认识的人当中最优秀的人。但是，他很花心，从不主动联系你。你联系他时，他回复很慢，只会说："今晚来我家吧。"

尽管这个人的客观价值很高，你很喜欢他，但他不适合你，因为对你来说，他缺乏主观价值，而缺乏主观价值就等于毫无价值。

当然，最理想的情况是对方的客观价值和主观价值都很高。我鼓励你尽你所能地找到这样的男人，但切记不要为了前者而牺牲后者。想要幸福的爱情，对方很优秀并不够。更重要的是，他要对你好、要为你投入。

我在很多次咨询的状况中都会面临这样的问题。其中有个女生很喜欢一个男生，但是对方对她的兴趣明显不高，对方不主动联系她，甚至已经说清楚——他不想谈恋爱，只想玩玩。在分析对方的行为和表现时，理性的旁观者可以很清楚地判断出他的主观价值很低，他们并不合适，可是当局者迷。通常她们的回应是："老师，我真的很喜欢这个人，他特别优秀，他真的就是我的菜！"哪怕对方的表现多不好，彼此也没什么长期发展的可能，她们还是会坚持说："可是我肯定无法再找到比他更好、更适合我的男人了！我就是喜欢他……"

"我就是喜欢"作为爱情的理由远远不够。首先，没有主观价值的男人是不合适的对象，所以他根本就不应该是你的"菜"。其次，你无法找到比他更好的男人了吗？拜托！你当然可以找到。

一段幸福长久的关系不仅需要两情相悦，也需要彼此合适。喜欢和合适是两回事，只有相互喜欢又彼此合适，才会成就你们的爱情。

想要获得幸福的爱情，不要只注重男人的客观价值。客观价值会为你们的爱情锦上添花，而主观价值才是决定幸福的关键。

不属于你的男人

有多少女人曾经或者正在疯狂地迷恋一个有妇之夫？生活中，也许在你身边这样的案例并不多见，但是，因此感到困惑而前来咨询我的女生真的数不胜数，爱上已婚男人就是无视主观价值的典型情况。Nancy的情况就是这样。

她爱上了一个有老婆和孩子的男人，在与对方的情人关系中积攒了失望和不满，却和他难舍难分。无论在情感上还是理智上，对方都表明了对自己最重要的还是家人，无法为她抛妻弃子。她想要的陪伴无法得到满足，无论是节日还是假期，陪伴妻儿永远是他的优先选择。Nancy只能在对方日程表的"夹缝"中生存。她对于对方会离婚始终抱有期待，希望终有一日他能够改变，自己可以成为他心目中最重要的枕边人。Nancy说，自己也不想多年纠缠在"小三"的身份之中，她只不过和大家一样，想要一份常人能有的幸福。

其实，事实很清楚地摆在眼前：无论这个男士多有魅力，对于Nancy来说，他的主观价值都极低。这种已婚男人，我们将其称为"Unavailable Men"（无法付出情感的人）。除此之外，有女友或不想谈恋爱等主观价值极低的男人也是无法付出情感的人。

对于喜欢这类男人的女生，我们不妨想想（不涉及道德，只谈自身幸福）：

他结婚了，每天大多数的时间需要陪伴老婆和孩子；

他有女朋友，但不愿与之分手而奔向你的怀抱；

他单身，他很优秀，但是他对你不理不睬，毫无兴趣；

他只想跟你玩玩，丝毫不在乎你的感受。

那么，这真的是所谓的"最好、最适合我的男人"吗？当然不！

"可是，他说他会离婚……"

"可是，他说他会改变……"

"可是，我就喜欢他……"

这种不撞南墙不回头、不见棺材不落泪的精神，在爱情中是非常愚蠢的。就像老鼠杰瑞喜欢吃奶酪，但他知道，如果冒险去拿，会掉入汤姆猫的陷阱，然后被它吃掉。同样，选择自己喜欢却不适合自己的人，最终，也会被伤心的痛苦"吃掉"。在爱情中忽视主观价值，时常会换得一身伤痕。

你喜欢的男生也许长得像模特，高大又帅气，可是，如果他没有主观价值，你就要为他开启"滤镜"，"丑化"他的形象。他可能是个成功人士，但如果他是一个无法付出情感的人，在你眼中，他就应该变得毫无魅力。

再优质的男人，如果他对你没有主观价值，就说明他不适合你。他对你不感兴趣、不在你身上投入，这些都使他的客观价值被白白浪费了。你有一万种可能找到更好的人，不要在"不属于你"的男人身上浪费时间和心思。你需要更深刻地审视潜在伴侣，好好学习如何判断主观价值，用长远的目光恋爱。

在宝马车里哭

很多时候，自己很清楚对方不合适，但偏偏舍不得他。除了我们说过的"着急谈恋爱"以及"我就喜欢"的心理以外，还有很多不同的原因会导致感情中的非理性选择。比如，沉没成本（Sunk Cost Effect）——自己已经投入了很多时间、精力或金钱在他身上[1]；自卑心理——认为自己配不上一个对自己好的伴侣；自我意识差——不了解自己的需求，不清楚自己想要什么；"颜控症"——被漂亮的东西迷惑了双眼；曝光效应（Mere Exposure Effect）[2]——因为熟悉而产生了强烈的好

---

[1] Rego, S., Arantes, J. and Magalhães, P. (2016). Is there a Sunk Cost Effect in Committed Relationships? *Current Psychology: A Journal for Diverse Perspectives on Diverse Psychological Issues*, 37(3), pp.508-519.

[2] Zajonc, R. (2001). Mere Exposure: A Gateway to the Subliminal. *Current Directions in Psychological Science*, 10(6), pp. 224-228.

感[1]；匮乏心态——当下缺乏其他选择等多种因素。[2]

当然，还有一个非常关键的原因：良好基因。在人们的潜意识里，客观价值高的伴侣意味着有着更良好的基因。从这个角度来看，得到优秀男人的"种子"对于后代继承更好的基因有帮助，所以哪怕知道对方对自己不感兴趣或不够认真，一些女生还是控制不住自己潜意识当中的"筛选者"本能。

在古代，能得到皇帝的宠幸，只要能怀上他的孩子，就是至高的荣幸。但在当代社会，选择和一个没有主观价值的人走入婚姻，让自己和后代缺乏对方的投入和爱，恐怕只是下下之策。

相亲节目《非诚勿扰》中的一位女嘉宾说过一句非常经典的话："宁愿坐在宝马车里哭，也不愿坐在自行车上笑。"这就是典型的"只看客观价值"的案例。有多少人会宁愿与一个条件好却不会让自己幸福的人在一起，也不愿意与条件没那么好的人过幸福的生活呢？

1　Swap, W. (1977). Interpersonal Attraction and Repeated Exposure to Rewarders and Punishers. *Personality and Social Psychology Bulletin*, 3(2), pp.248-251..
2　Edwards, K., Gidycz, C. and Murphy, M. (2011). College women's stay/leave decisions in abusive dating relationships: A prospective analysis of an expanded investment model. *Journal of Interpersonal Violence*, 26(7), pp.1446-1462.

只具备客观条件，却毫无主观价值的男人，并不适合做长期伴侣。所以，当你有几个可供选择的追求者时，请切记一定要对其主客观价值都进行比较，而不是仅评判对方的客观价值。发光的并不都是金子，再耀眼的人也不一定适合你。

找到一个完美的人是不可能的，但是找到一个能够吸引你（尽管他的吸引力可能不是最高的），同时也对你很好的男人，也就是所谓的主客观价值相对平衡，是人人都可以做到的。

那么，问题来了。客观价值很容易判断，有时候一眼就能看出，不需要花费很多时间就能大致确定他的条件如何。可是，要怎样判断一个人的主观价值呢？一个词：投入。在下一章，我会告诉你如何快速并准确地评估他的投入。

第十章
做一位聪明的投资者
Invest In Someone Who Invests In You

喜欢那些珍惜你的人，
在那些在乎你的人身上投入感情

女人是占主导地位的性别，男人必须做各种各样的事情来证明他们值得女人的注意。——卡米尔·帕格里亚（Camille Paglia）

为了买一朵花,你会把房子卖掉吗?

这件事也许看起来疯狂又愚蠢,但却是真实发生的历史事件。在17世纪初的荷兰,郁金香鳞茎成为一种非常抢手的商品。其中,总督郁金香(Viceroy Tulip)的价格达到了当时房价的5倍(一朵花而已)![1] 许多投资者因此兴奋不已,以致为其倾尽所有。但所谓的"郁金香狂热"只是一场经济泡沫,像其他投资热潮一样很快结束了。1637年年初,郁金香商人不再能找到高价郁金香的新买家。需求崩溃、价格暴跌,投资者竞相抛售郁金香。很多人倾家荡产,失去了一切。[2]

你很有可能听说过苹果创始人史蒂夫·乔布斯(Steve Jobs)和史蒂夫·沃兹尼亚克(Stephen

---

[1] Thompson, E. (2007). The tulipmania: Fact or artifact? *Public Choice*, 130 (1-2), pp.99-114.
[2] Mackay, C. (1841). *Memoirs of Extraordinary Popular Delusions and the Madness of Crowds*. London: Richard Bentley.

Wozniak），但你不一定知道苹果的第三个创始人——罗恩·韦恩（Ron Wayne）。为什么呢？1976年，韦恩以800美元的价格将苹果公司10%的股份卖掉了。在当时，他可能认为800美元的回报已经十分可观，但是，现在看来，假如他没有卖掉股份，他的股权将价值350多亿美元。

其实，糟糕的投资决定是很常见的。连最著名的成功投资者沃伦·巴菲特（Warren Buffett）也有过失败的投资记录。他于2008年大量购入某跨国能源集团的股份。当时的巴菲特预计油价上涨，但结果与预计不符，最终导致其损失约20亿美元。世界上最成功的投资者也有过错误判断，更不用说普通人。

无论是买郁金香、买股票，还是把你的心交付给一个人，我们每天都在做投资的大决定。就像投资商投入一定数额的资金而期望在未来获得回报，爱情投资者在一个人身上投入感情和时间，也期望从中获得应有的回报。

无论哪一种投资者，都需要一定的投资头脑和锐利的眼光选择优质的项目。最差的投资是把全部的资产投在一个不仅没有回报，还让人倾家荡产、债台高筑的项目上。这是大家都认同的道理，也没有人会愿意做这样的投资。

一段糟糕的感情就像一笔糟糕的投资，无论你投入多少都将血本无归。就像为了买一朵花而把房子卖掉是一个不明智的决定，很多女生选择把感情投入到一个对自己不认真、不努力，没有主观价值的人身上，就会不小心成为"失败的投资者"。

如果理财的投资原则是：投资在有回报利益的项目上，那感情的投资法则就是：在一个也在你身上投入的人身上投入感情。

爱情就像一种能量的交换。你不能付出一切，却什么都没换来。真正相爱的两个人，必须有相对平等的投入。从初期的暧昧到恋爱中的付出再到婚姻中的沟通和责任，两个人的投入程度要一致，爱情才能发展，关系才能稳固。

我认为本章的内容是全书最重要的：喜欢那些珍惜你的人，在那些在乎你的人身上投入感情。

对小气花匠说不

美好的爱情就像花园中的花朵，悉心浇灌、用心维护才能繁花似锦。爱情在让人欣喜和幸福的同时，也十分娇嫩脆弱，需要格外精心的照料。花朵需要从土壤中汲取营养，阳光的照耀和水的浇灌也不可或缺。缺少这些生存的必要条件，花朵会凋谢，花园也终将荒废。一段好的感情需要两个人的浇灌滋养和呵护照料，才能长久维持。

因此，一个舍不得浇水的小气花匠，愿意欣赏花的美丽，却吝啬他的给予，不愿意为了花朵盛开而进行照料。爱情是两个人的事情，如果一方不投入，这段感情就不会有未来。

一个男人应该如何在爱情中浇水，给你们的关系带来营养呢？如何判断他是不是一个小气的花匠呢？

为了判断对方的投入程度，要先判断你们的关系所处的阶段。因为，一个刚开始追你的男生和一个跟你在一起五年的男人的投入表现会有一些区别。

比如，对于约会对象来说，可以通过他是否用心追求你，是否经常联系你、想要见到你，是否尊重你的亲密节奏等细节来判断。而对于长期伴侣来说，可以通过他是否在你身上投入时间、金钱和精力，是否愿意与你沟通，试图解决矛盾和问题，是否尽自己的努力创造两个人的美好未来等来判断。除此之外,他在乎你的需求和感受吗?在性爱方面,他试图满足你,还是只顾自己的需求,对你不管不顾呢……生活中有很多具体的细节和表现都可以判断一个人对你的投入程度。无论他是你的暧昧对象、男友还是老公,对方投不投入,其实你心里都清楚。

情感投入、时间投入、金钱投入和精力投入就好比爱情的水。小气花匠不愿意浇水,所以,你不能招募一个不合格的花匠来打理自己的爱情花园。

如果一个男人很喜欢你,想要和你认真发展关系,就会经常关心他的鲜花是不是有足够的阳光和水分,还会经常施肥,因为他希望自己的花朵可以获得幸福的人生。

你要知道什么样的人值得自己投入情感,什么样的关系值得自己付出真心。请选好你的投资项目,招募一个大方的花匠。

别让爱情停摆

两个人的投入就好像钟摆,在你与他之间来回摇摆。他对你有好感,你对他感兴趣;他主动联系你,你积极回应他；他约你出来，你答应和他见面；他追你一段时间后就表白，如果你也喜欢他，会欣然答应，你们成为男女朋友；他一直对你很好，你也同样对他好；他尊重你，你也同样尊重他；他对你专一，你也对他忠诚。

爱情其实也需要礼尚往来。他投入，你投入，不断把钟摆推向对方，钟摆就会在你们二人中间不断来回摆动。但如果只有单方面的投入，钟摆就会停摆。如果一个男生一直在追你，但是你很少理他，也不回他的信息，他早晚会选择放弃。他投入，你不投入，双方的关系就无法继续。

你还记得爱情博弈论中的"以牙还牙"吗？两个人持续合作，关系才能延续。我们在上一章也强调过，"喜欢"并不够。你不能只因为很喜欢对方而投入一切，更关键的是，你要因为对方的投入而投入。

为了防止爱情的时钟停摆，双方的投入就是维护保养的最好的润滑剂。好的爱情就是这样，持续合作、共同投入，然后共度一生。

爱的杰作

两个人的感情就像一个建造房屋的过程。需要双方一起添砖加瓦,才能让这段关系稳固,让你们的感情坚不可摧。建造房屋不是一蹴而就的事情,需要花费时间和精力。罗马非一日建成,爱情非一人建立。

美好的爱情也像两个艺术家共同创作的一幅画。你有一些他没有的颜料,他也有一些你缺乏的绘画技巧。你们需要共同分享资源,才能联手创造出爱的杰作。

不知道有多少女生始终在勉强自己,一个人浇水,一个人盖屋,一个人孤单地画画。因此,男人要想在爱情中收获,也必须投入。

男人和孔雀

"他是真的爱我吗?"许多女生明明已经有了喜欢的伴侣,却因为对方给出的信号而困惑不已。比如明明在一起很开心,突然有一天他却开始变得越来越冷漠;或者他说他爱你,但是你感觉不到他的深情与真心,你的直觉告诉自己:好像哪里不对劲。

有一个很简单的原则,可以有效解决上述问题,并帮你判断一个男人的认真与靠谱程度——如果他说他爱你，就要看他的实际行动；如果他说他不爱你，他说的就是实话。

天底下没有人不爱听甜言蜜语，能说会道的男人的确更容易征服女人的心。问题是，一个男人可以张口就说千万遍的"我爱你，我会为你做一切"，但是他不一定真的爱你，也不一定会为你付出。动听的情话不等于真情流露，相反，行动上的投入才更值得信赖。因此，行动是比语言更明确的"诚实信号"（Honest Signal）。

在自然界中，有一些动物，比如孔雀，会有一些"铺张浪费"的行为，但实际上也是"诚实信号"的一种体现。孔雀的尾巴非常漂亮，但对于它的生存而言毫无用处，反而是一个危险的累赘——不利于行走，也不利于在丛林中隐藏自己，让自己更容易成为捕食者的目标。尽管孔雀的尾巴对生存无用，但对于繁衍却非常有利。雌性孔雀会选择尾巴最长、最精致的雄性孔雀作为配偶。

这证明雄性孔雀能够分配足够的资源来维护尾巴的状态，使其色泽明亮并保持干净健康。哪怕它们拖着又大又长的"累赘"，但依旧能够躲避天敌、喂饱自己，从种种阻力中存活下来,这侧面反映出雄性孔雀的能量和品质。[1] 因此,孔雀的尾巴就是获取食物、躲避掠食者的"诚实信号"。它们在传达给雌性孔雀一个信息:"我是你的理想伴侣,我的价值是货真价实的,因为我所展示的价值是无法假装的。"

英国生物学家查尔斯·达尔文（Charles Darwin）把这些对于生存没有任何作用,仅仅在求偶时用以炫耀魅力的特征叫作"性装饰"（Sexual Ornaments）。动物学家阿莫茨·扎哈维（Amotz Zahavi）称之为"累赘原则"（The Handicap Principle）。孔雀的尾巴是一个负担,但也是一个"诚实信号",向雌性孔雀展示并宣告选择自己是明智的决定。[2]

人类中"累赘原则"的例子也并不罕见。进化心理学家杰弗里·米勒（Geoffrey Miller）提出"韦伯伦商品"（Veblen Goods）的概念,如豪车、价格高昂的宝石、名牌精品等其他形式的炫耀性消费,都是"累

---

[1] Searcy, W. and Nowicki, S. (2005). *The evolution of animal communication: reliability and deception in signaling systems.* New Jersey: Princeton University Press.
[2] Zahavi, A & Zahavi, A. *The Handicap Principle: A Missing Piece Of Darwin's Puzzle.* (Oxford University Press, 1999).

赘原则"的体现。[1] 像孔雀一样，通过一些信号，如财富和社会地位的展示，向潜在伴侣宣传自己的价值。不过，豪车豪宅只是对方经济条件好的"诚实信号"，却不是他真的爱你的"诚实信号"。

代表男人是否爱你真正的"诚实信号"，是他的投入。他的行为和付出程度会最真实地展示出你在他心中的重要性。当你不太清楚一个人是否真的在乎你时，就要看他的行动。无论他多么巧言令色，都不如他的行为靠谱。行动比语言更难撒谎。

当然，也不是说会讲甜言蜜语的男人就是"渣男"。你可以享受他的浪漫与甜蜜，但同时，请客观地看待他的行为和表现。

越投入，越喜欢

在第五章中，我们提到了娃娃机心理和"心血辩护效应"（宜家效应）的重要性——努力可以增添价值。所以，你应该已经清楚，让对方投入也是让他喜欢你的好方法。

---

[1] Bird, R. and Smith, E. (2005). Signaling theory, strategic interaction, and symbolic capital. *Current Anthropology*, 46 (2), pp.221-248.

这可不仅仅是我说的,早在18世纪,美国总统本杰明·富兰克林(Benjamin Franklin)就发现了这一观点。心理学中,有一种现象叫作"富兰克林效应"(the Franklin effect)。简单来说,就是善于请别人帮忙(让对方投入)的人,会更容易被对方喜欢。[1]

富兰克林在政府机构任职时,有一个同事对他表现出了敌意,他是如何应对的呢?他无意中听说对方的家中有一本非常稀有的藏书,于是便写了一张字条,表达了自己想拜读的意愿,并询问对方是否可以把书借给他几天。"他同意了,一星期后我把书还给他,并郑重地表达了我对他慷慨帮助的感谢。当我们下一次在众议院见面时,他主动跟我说了话(他以前从未这样做过),而且很有礼貌。他还表示,愿意随时为我效劳。之后我们成了好朋友,终身保持着这段友谊。"富兰克林在他的自传中这样描写道。[2]

为什么会出现这种情况?因为"认知失调"(Cognitive Dissonance)使大脑很难保持行动(帮

---

[1] Jecker, J. and Landy, D. (1969). Liking a person as a function of doing him a favour. *Human Relations*, 22,(4), pp.371-378.
[2] Franklin, B. (1993). *The Autobiography of Benjamin Franklin*. Boston: Bedford Books of St. Martin's Press.

助对方）和感知（不喜欢对方）的逻辑一致性，这种矛盾造成的心理上的紧张感使人无法应付。因此，为了解决这种紧张感，人们通常会合理化自己的行为。

连原本不喜欢我们的人，一旦开始为我们投入时间和精力，都会改变对我们的看法，更不用说原本就喜欢我们的人在对我们投入时间和精力后会多喜欢我们了。越喜欢越投入，越投入越喜欢。

心理学家卡里尔·鲁斯布特（Caryl Rusbult）在1980年提出了"承诺投入模型"（Investment Model of Commitment）。该理论认为影响人们对于一段关系的承诺程度的重要因素之一就是对关系的投入量。[1] 他为你付出的时间、精力、金钱和心思越多，就越会愿意对你们的关系做出长期承诺。

对他人的投入会增强自己对对方的依赖性，这是大量研究得出的毋庸置疑的结论。投入会增强双方的纽带，而切断这种纽带的代价很高。在一定程度上，这也是沉没成本的作用。因此，在心理上，投入创造了持续关系的强大动力，以至于越投入，越想继续投入。

---

[1] Rusbult, C., Agnew, C. and Arriaga, X. (2011). The Investment Model of Commitment Processes. *Department of Psychological Sciences Faculty Publications*, pp.26.

除此之外，当一个人认为伴侣在关系中投入时，自己对对方的承诺和投入往往也会增加。[1] 你的投入不仅会给他继续投入的动力，也是传达你的靠谱性的一种安全信号[2]，让他信任并依赖你，从而为你投入更多。[3] 这样就进入了积极循环。两个人的共同投入越多，得到的回报收益就越大。

总之，你越让他投入，他就会越喜欢你。当然，前提是，投入要符合当下关系的需求，同时也要合理。如果富兰克林向他的"敌人"借的不是一本书而是一大笔钱，那么很有可能会被拒绝，甚至是被讨厌。如果让只跟你见过两次的约会对象帮你买房或者给你一辈子的承诺，那恐怕他会拒绝。当然，这并不意味着他不喜欢你，只是你的投入需求过早且过多了。

男人必须投入，但是你对他的投入期待也要合理，

---

[1] Joel, S., Gordon, A., Impett, E., MacDonald, G. and Keltner, D. (2013). The things you do for me: Perceptions of a romantic partner's investments promote gratitude and commitment. *Personality and Social Psychology Bulletin*, 39(10), pp.1333-1345.

[2] Murray, S. and Holmes, J. (2009). The architecture of interdependent minds: A motivation-management theory of mutual responsiveness. *Psychological Review*, 116(4), pp.908-928

[3] Murray, S., Pinkus, R., Holmes, J., Harris, B., Gomillion, S., Aloni, M. and Leder, S. (2011). Signaling when (and when not) to be cautious and self-protective: Impulsive and reflective trust in close relationships. *Journal of Personality and Social Psychology*, 101(3), pp.485-502.

还有极为关键的一点：你要给他投入的动力。

他凭什么要为你投入？

有时候，男人对你不主动、不投入情感，不一定说明他是"渣男"，而可能是因为他还没来得及知道你是否值得他投入。

比如，很多女生抱怨线上认识的男生经常聊一两句就不再和她们聊天。当然，这确实让人心生不爽，但其实他也没有什么太多的理由投入时间和精力，毕竟你们只是素未谋面的陌生人，两个人之间没有任何感情基础。他不投入时间和精力，也是人之常情。

有一次，我看到几个学员在线上课程群中的聊天。一个女生很不高兴，因为她见过一次的约会对象不太愿意下班后和她见面。他们的距离有一点远，他认为下班后开两个小时的车去见面，然后再开两个小时的车回家，对自己来说不太方便，所以他提出周末见面。她觉得他不够投入，对自己也不够在乎。

另一个女生支持她说："是的，如果他真的爱你，他会不顾一切地开车去见你。"可是，为了让他爱上你，你们需要一定的时间相处。如果他不是这个学员的约会对象，而是她的男友，他们有稳定的关系和浓厚的感情，男生愿意花费四个小时见面的可能性就大大提升了。

为了让男人为你投入，你们需要有一定的感情基础，至少要先让他被你彻底吸引，给他一个付出的理由。先展示你的内外价值，男人才会愿意珍惜你、爱上你，从而愿意为你投入一切。

就好比一家新开的服装店，店里的衣服品质一流，设计剪裁也十分精致，可是老板居然把所有的衣服都藏在箱子里。服装店的橱窗是空的，只有几个光秃秃的模特，看不到任何衣服。店已经开了几个月，但一件衣服都没有卖出去。是店内的服装不够好吗？明明不是，问题是人们无从得知其服装的好坏。老板至少要先展示自己的服装，让顾客意识到它们的价值，才有人会购买。

如果吸引力不够，或者你们之间的关系没有感情基础，大部分男人不会为一个女生付出太多。因为从目前来看，她可能只是一个无足轻重的人。因此，虽然本章一再强调男人必须投入，但是女生们过快提出过多的投入要求，男人们通常是不会满足的。

我们说过，真爱是一段长途列车之旅。你的第一站不是"亲密关系"，同样，他的第一站也不是"一辈子的承诺"。爱情从不是一蹴而就的事,亲密关系也好,投入感情也好,无论对于你或他,都需要一个过程。两个人加深了解和互动,关系逐渐发展,他若是喜欢你,自然会逐步增加对你的投入。因此,给彼此一些相处的时间,找机会展示自己的魅力和价值,让他发觉,你就是世界上最值得他"投资的项目"。

当然,如果你已经这样做了,他依然还表现得像一个小气的花匠,那么,你早晚需要亮出你的底线。在下一章,我们会仔细地探讨如何设立与执行自己的底线。

但是现在,请允许我再次强调:做一位聪明的爱情投资者。不要只因为喜欢对方而付出,更关键的是,要因为对方付出而付出。

要喜欢那些珍惜你的人,在那些在乎你的人身上投入感情。请牢记这一点。

第十一章
让男人害怕失去你
Embrace The Power Of Walking Away

舍得离开的力量

永远别去爱一个把你当一般人对待的人。——奥斯卡·王尔德（Oscar Wilde）

高价值的终极表现

2014年，巴尔的摩乌鸦队的跑锋雷·赖斯（Ray Rice）和其当时的未婚妻贾奈·帕尔默（Janay Palmer）在大西洋城一家赌场搭乘电梯时吵了一架并打了起来，赖斯下重手殴打了他的未婚妻，使她的头部撞在电梯内的扶手上，晕了过去。事发后的一个月，他们成了正式夫妻。贾奈·帕尔默不仅与暴力袭击自己的人结婚了，还在新闻发布会上道歉，为老公寻找开脱的借口并要求媒体停止对他的指责。帕尔默被家暴后的反应又引起了新的公众反响，难以置信的旁观者无法理解帕尔默如何还能继续留在他身边。[1]

为什么一个女人会愿意接受如此糟糕的对待？

1　Kantor, J. (2016). *Seeing abuse, and a pattern too familiar: Janay Palmer, Ray Rice's wife, implied the assault was taken out of context.* [online] New York Times. Available at: http://www.nytimes.com/2014/09/10/us/seeing-abuse-and-a-pattern-too-familiar.html?_r=0 [Accessed 8 Jan. 2021].

为什么一些女人总是离不开不合适的伴侣？

许多被家暴的女人无法离开伴侣的原因之一是担心如果自己试图离开，对方威胁的后果将更加严重。除此之外，也可能是自我价值感很低、对对方有经济依赖、对对方依然有强烈的感情、因为孩子而不想破坏家庭的完整、担心家人和朋友的评头论足、被对方心理操纵等原因导致的。[1]

当然，如果你曾经或正在经历家庭暴力，我鼓励你寻求帮助，这一定是一个早晚得想办法逃离的困境。不过，因家暴而不敢解除关系属于较为极端的案例，对这种特殊情况，我们在本章不进行过多的讨论。本章的重点是一种更为普遍的现象——舍不得离开一个错误的人，一个不认真经营关系也不合适的伴侣。因为，在一段关系中，通常最难的不是让一个人喜欢上自己，而是有勇气离开一个自己喜欢（但不合适）的人。

很多时候，哪怕对方原本可能适合你，但最终他逐渐养成了一些不良的恋爱习惯（如不懂得珍惜和感恩、拒绝沟通），若是不做点什么来改变现状，这种情况只

---

[1] Cravens, J., Whiting, J. and Aamar, R. (2015). Why I stayed/left: An analysis of voices of intimate partner violence on social media. *Contemporary Family Therapy*, 37(4), pp.372-385.

会愈演愈烈，原来的真命天子可能会慢慢变成错误的人。

无论是为了彻底摆脱不良的伴侣，还是为了让好的伴侣不变坏，有一个很关键的吸引力法则，虽然有些违反常理，但是聪明女生都应该知道的：想要得到对方的珍惜，你要舍得离开。

一定要让男人害怕失去你。有时候，只有你愿意离开，他才会求你不要离开。

但请别误会，舍得离开不是为了操纵对方而选的套路，不是与他玩心理游戏，也不意味着你要轻易放弃一段感情，一旦遇到问题就要转身走人。

舍得离开是一种健康的心态。这种心态源自你的自信和自爱。你很清楚，如果他对你不好、待你不够认真，也很少投入感情，甚至欺骗你或者不尊重你，你舍得且愿意离开他。你敢于远离不好的恋人，有勇气走出不良的关系。这也是高价值女神的终极表现。

男人最不尊重什么样的女生？那就是连自己都不尊重自己、不爱自己也毫无底线的女生。这类女生的共性是：无论对方对自己有多差，都舍不得离开他。反而，当你的内心很清楚自己的底线时，男人会立刻察觉。

当你舍得离开他时，男人就会感受到你的自尊自爱，因而更加尊重你，也会意识到你的价值，从而更加珍惜你。他会终于发现，自己不是宇宙的中心，你的伴侣也不是非他不可；他会领悟到，如果他对你不好，无论他多有魅力，你都愿意转身离开。

那么，在一段关系中，女生到底应该有怎样的底线呢？

当然，不用说，家暴或者任何其他形式的虐待都是完全无法接受的。但由于底线的标准因人而异，要根据自己的实际情况来制定。在感情中，如果对方有以下的行为或表现，女生就要坚守自己的底线，让他意识到，你不接受这样的对待。

比如：他忽冷忽热。有时候很热情主动，有时候却突然无故消失，好几天不见人影，然后又重拾对你的热情。这样反复在关系中投入情感后消失，让你困惑不已。

他一开始对你好，各方面表现得都不错，但现在你明显感到他在逐步减少对你的投入，越来越不在乎。

他不尊重你。总是忽视你的想法，轻视你，自私地只顾及自己的感受，也不尊重你在亲密关系中的节奏。

他不忠诚。和其他女人暧昧不清，甚至出轨。

他给不了你想要的关系。你想拥有一段稳定的感情,想要结婚成家,可是,从他的一举一动中你意识到他可能只是想和你玩玩。他只想享受当下,目前并没有稳定下来的想法。或者他始终不肯给你一个明确的答案,也不想推进关系,对未来的计划总是充满犹豫和不确定性。

其实,还有更多情况值得你果断地亮出底线。无论是在暧昧中、恋爱中还是婚姻中,女生都应该尽早表达清楚:"嘿,如果你继续这样做,我就会走人了。"

要想得到一个懂得珍惜你、尊重你、为你付出的男人,并与他拥有一段幸福的爱情,表达自己的底线真的太重要了。画出个人底线后,一旦对方越界并不愿改变,你也需要果断地离开他。

很多女生懂得这个道理,但往往也只是纸上谈兵,不敢也不舍得付诸行动。

扑克的虚张声势

你玩过德州扑克吗?如果有,你很有可能听说过扑克中"虚张声势"这个概念。扑克玩家故意迷惑对手,误导对方认为你拿到了一手好牌或一手烂牌,从而让他们弃牌或投入更多的钱。但是,如果虚张声势得过于明显，就很容易露出马脚，被对方识破，结果你会输得很惨。

同理，如果你不是真的舍得离开他，而只是违心的威胁，男人也会很容易发现你只是在虚张声势。因此，你的底线必须真实，不能唬人，不能仅仅说说而已，也要敢于执行。请记住这一点：底线是由语言加行动构成的。

第一步（语言）：说清楚你的底线，表明自己不接受什么样的对待。

第二步（行动）：如果对方不改正他的行为，持续越界，你就会离开他。

第二步是必不可少的。因为如果你是一个语言的巨人、行动的矮子，他就不用担心你会因此离开，还可以肆无忌惮地继续自己的不良行为。

你的虚张声势如果被识破，就仿佛被人抓住了弱点，无论是在扑克竞技中，还是在两性相处中，都会失去主动权，处于被动的境地。

你的忍让和让步就是他继续对你不好的动力，因为他知道，他的不良行为不会产生任何后果。

在第六章我们提到了拥有"真实挑战性"的重要

性，你的底线也同样必须是真实的。他触碰你的底线，你就一定要让他承担后果，否则底线就只是无效的诈唬。

当小孩考验父母

小的时候我妹妹特别挑食，让她吃完一顿饭总是很辛苦。有一次她表现得格外固执，除她以外，所有人都吃完饭去客厅看电视，她也想一起去，但我父母不让她离开餐桌，除非她把饭菜吃完。可是，她就是坐在那里，无动于衷、一动不动。她在考验父母的底线。如果能让父母妥协，她就赢了，可以不吃晚饭。假如父母真的没有底线，任由她想怎样就怎样，那下一次，她不想吃饭就会不吃。不过，对我妹妹来说，不幸的是，我父母并非虚张声势，她也不想整个下午都坐在餐桌前无法看电视，所以最终只好勉强把饭菜吃光。

男人通常也是如此，他们会像小孩试探父母的底线一样，试试自己的行为会让女人作何反应，看看最终你是否能够接受他的行为。如果你不接受，他就会意识到你的底线明确且真实，如果他不想失去你，就需要改变自己的行为。

看到这里，一些女生可能会说："我是真的有底线，每当男朋友使我感到不满意时，我都会和他提出分手，让他努力挽回我。"请不要误会，这不是底线，是"作"。我知道有不少说过"假分手"的女生，结果对方信以为真，觉得女生不再爱他，也就不再试图挽回。

舍得离开，从不是假装分手让对方挽留。舍得离开，是一种愿意将自己从一段不好的感情中抽离的真实态度，是一种鼓励他表现得越来越好的正向"危险感"。正如我们在第四章中所说的，男人会更努力追求有挑战性的女生。恰好，有底线就是让他感到你有挑战性的绝佳方法，让他知道你不是无条件地与他在一起。因为，与大部分情感"专家"所说的刚好相反，爱情不是无条件的，其得以延续的一个最重要也是最基本的条件，就是他要对你好，他要对你投入。如若对方无法满足这最基本的要求，怎么可能让你无条件地爱他？

让他加倍珍惜你

除了不要虚张声势以外，为了让"舍得离开"这一方法有效，还需要一个必要条件。即他必须在乎你，需要对你有感情基础。若是和一个只想跟你玩玩的男人说，

"要么结婚,要么分手",恐怕他并不会因为怕你离开而向你求婚,反而会直接选择分手(但反正这也是对你最好的选择)。如果对方本来对你们的关系就不够认真,你的离开就不会造成他的紧张,他也不会想要改变,不会试图挽留你。

人们往往不会害怕失去自己不看重的事物。如果父母想要惩罚淘气的小朋友,威胁他说:"如果你不乖,我就不会再给你吃西兰花。"可是小朋友可能本来就不爱吃蔬菜,所以这对他来说并不是有效的威胁。如果说不再让他吃巧克力、冰激凌或蛋糕等那些他喜欢吃的东西,这时他才会在乎,从而愿意努力改变自己的行为,因为他不希望喜爱的食物离开自己的生活。所以,为了让"舍得离开"这一策略有效,你们要有一定的感情基础,他必须是在乎你的。

如果他对你是认真的,他喜欢你,并对你投入过感情,只不过随着相处越来越久,他越来越把你的存在视作理所当然,因而开始不知不觉地减少投入,越来越不付出努力,那么这个时候你表明自己的底线,就仿佛是在他放松警惕时泼在他脸上的一盆冷水,让他清醒,意识到自己需要在感情上加大投入,否则,他就会失去你。

请你记住，底线是长期吸引力公式的内在价值组成部分之一，这种心态也会帮你在男人眼中重建吸引力。当他想到没有你的生活会是何种滋味时，空虚感就会将他包围，这能重新点燃男人征服你的兴趣和欲望。他会因此重新产生投入感情的动力，变得更加积极主动和认真付出。

俗话说"人总是在失去后才懂得珍惜"，只不过，他无须等到失去你后才懂得珍惜，你舍得离开的心态无时无刻不在提醒他，为了避免失去你，他要更加珍惜你。他会意识到，原来拥有你的爱是多么幸福的一件事。

最后的选择

在这一章中，我始终在强调要有底线、要舍得离开有害的恋情，但请不要把离开挂在嘴上。舍得离开，但不要随便离开。当你有对他不满意之处时，首先要做的是好好沟通，用平和的语气表达你的底线和感受，让他理解你的期待和需求，让他知道要怎么做才能避免失去你。

假如他原来很少主动联系你，让你感到不被在乎，你不要直接威胁他说再不联系你就分手。你只要让他知道，你希望他每天都可以主动联系你，让你感受到他的牵挂。

如果他原来只想和你在家里"约会",你不用在社交软件上直接把他拉黑,你可以先和他表明你的底线,说清自己不想成为他的玩伴,而是寻求一段认真的关系。你想在外面约会,希望他正式追求你。

如果他原来经常和前女友联系,使你感到很没有安全感,也不用直接甩了他。要先和他挑明,你不喜欢他与前任联系,希望他停止这样的行为,让你安心。

当对方碰触到你的底线的时候,就该轮到你让他知道,如果他继续这样,你就会从语言抵制升级为行动。在不随便结束亲密关系的同时,让他了解到你的决心。

如果在这段关系里出现了让你不舒服的情况,先尝试与他沟通,表达你的感受,让他理解你的立场,并试图与他想办法一起解决问题。如果沟通一直无效,再考虑离开。

爱情的谈判

在一定程度上,谈恋爱就好比谈判。假设在一场商业谈判中,乙方必须达成协议,否则就会面临倒闭,而甲方则不然,哪怕不与乙方达成协议,还有其他想要与甲方合作的公司。在这样的前提下，你认为谁能在整场谈判中获取更大的利益？答案当然是甲方。因为如果甲方对协议不满意，他们可以离开谈判桌，寻求下一家公司。因此，甲方才掌握着谈判的主动权。

商务领域中有一个概念叫"BATNA"（Best Alternative to a Negotiated Agreement）——谈判协议的最佳备选方案。[1] 如果一家公司需要对方的产品才能生存下去，并且对方是世界上唯一能提供该产品的供应商，那这家公司的BATNA就会很弱。他们必须达成协议，而且很有可能不得不做出一些妥协和让步。在爱情中，如果一个人特别害怕失去对方，认为如果没有他，自己永远不会找到更合适的人，那么为了能够继续留在他身边，就会很容易百般迁就他，接受对自己不利的条件（不好的对待）。

如果你想买一辆车，并想争取更低的折扣，但卖家拒绝给你打折，那你的BATNA就是如果谈判不成功就去逛逛另一家车行。反正卖车的地方多得很，货比三家总没有错。那么，如果一个男人一直在碰触你的底线，

---

[1] Fisher, R., Ury, W. and Patton, B. (2011). *Getting to yes.* London: Random House Business Books.

并且在你们多次谈判、沟通后,他还是不愿改正,你在这段关系中越来越觉得委屈,难道不和他在一起,你就无法幸福吗?你真的无法找到一个对你更好的人吗?其实你不是非选对方的"产品"不可,总有其他甚至更优的"供应商"可供你选择。

社会学中有一个概念叫作"最小兴趣原则"(Principle of Least Interest)——在一段关系中,投入最少或兴趣最低的一方掌握着最大的权力。[1] 比如,在我们上文提到的谈判中,谁最不需要达成协议,谁就更占据谈判中的话语权和主动权。

失衡的玩伴关系通常也是"最小兴趣原则"的反映。[2] 一方很喜欢对方,很想与他认真确定情侣关系,可是另一方没有这方面的兴趣,只想和她发生关系。因此,男方要求女生接受玩伴关系,否则他不会再与她继续做情侣。如果女方选择接受这种违反自己愿望的关系,这场"谈判"的结果只会是男方大获全胜,而女方输得片甲不存。

---

[1] Sprecher, S., Schmeeckle, M. and Felmlee, D. (2006). The principle of least interest: Inequality in emotional involvement in romantic relationships. *Journal of Family Issues*, 27, pp.1255-1280.

[2] Mongeau, P., Knight, K., Williams, J., Eden, J. and Shaw, C. (2013). Identifying and explicating variation among friends with benefits relationships. *Journal of Sex Research*, 50(1), pp.37-47.

自恋狂和对别人有求必应的人通常会建立这种极不平衡的不良关系模式。一个利用对方，另一个被对方利用。研究也很清楚地表明，在这种不平等的关系中，情侣的满意度不如地位相对平等的情侣高，关系也更有可能终止。[1]

在爱情的"谈判"中，如果你已经是弱势的一方，那么，一次次的妥协只会加剧关系的失衡。相信自己值得被爱，勇敢地表达自己的需求，追求自己想要的幸福，坚定自己舍得离开的决心，能够帮你平衡爱情的天平，找回原本属于自己的幸福。在不幸福的关系中，你也有随时离开的权利和决心。

不过，我们强调的"舍得离开"与"最小兴趣原则"有一个很关键的区别。舍得离开的底线不意味着要强迫自己比对方心里在乎和投入得更少。一段好的感情不应该是一种不断的权力斗争，非要分出个输赢。我认为爱情是一场双赢的游戏，是一种相对公平的关系，两人不仅在魅力值和兴趣值上公平，在投入与付出上也更

---

[1] Sprecher, S., Schmeeckle, M. and Felmlee, D. (2006). The principle of least interest: Inequality in emotional involvement in romantic relationships. *Journal of Family Issues*, 27(9) pp.1255-1280.

是竞相追赶，寻求共赢。

所以，划定自己的底线，并不是因为你比对方更不在乎这段关系，而是因为只有在关系中被尊重，你们才能有一个更好的未来。如果一方没有底线，只是为了和对方在一起而一再妥协，接受不好的对待，这将不再是爱情，而变成一种"零和博弈"（Zero-sum Game），即一方有收获，另一方必有所失。

谈恋爱不是公司谈判，但是总有相似之处。如果女生的基本条件无法得到满足，因此舍得离开，就会让真正在乎她的另一半愿意做出一些妥协和改变。

自信而有底线，自爱而不委曲求全，舍得离开，需要相信自己没有他也可以过得很好，也需要相信如果无法和他达成协议，还有更多的"他"在期待着与你合作。

已婚又有孩子，还能分手吗？

Lola和一个男人在一起整整十年，并育有一子。但是，他们始终没有结婚。男方一直在找借口，就这样推托了十年。他还有一个情人，并且与她也有了孩子。当然，也没有结婚。被Lola发现后，他不仅没有离开他的情人，还常常住在对方家里，明显减少了对Lola的关心和陪伴。她虽然很不爽，但依然忍气吞声地留在他的身边。你也许会觉得她太傻了，这个案例也太夸张了，但不幸的是，在咨询过我的人中类似的情况并不罕见。在感情中，很多人实在太过缺乏底线，结果就像Lola一样。

一段有害的爱情，就像一片深不见底的沼泽地，陷得越深，越无法自救。

Lola不仅与这个男人有了共同的孩子，在经济方面也完全依赖对方。目前来说，分手就不再是那么简单的一件事了。她应该在第一年离开，而不是十年后。当对方一直在找借口不愿结婚时，就应该让对方知道，如果没有负责任地给出承诺，自己就会毫不犹豫地离开，更别提为他怀孕生子了。

反观十年后的现在，男方已经完全不尊重她，丝毫不担心自己的不良行为会造成什么后果。Lola所有的妥协和让步，都鼓励着他无所畏惧的放纵。他知道可以轻而易举地继续羞辱她，一是因为她在经济上完全依赖他，二是因为过去的十年彻底证明了她的确毫无底线。他在亲密关系中可以想怎么样就怎么样。

当然，现在Lola仍然可以选择分手，重新开始，但并没有那么简单。现在,她有很多需要权衡和考虑的问题,比如经济来源以及对孩子的影响。

不少女人发现,结婚后,自己的老公对她们越来越差。那怎么办?

理论上,婚姻是神圣的,两个人彼此许诺会一辈子在一起,"无论富裕还是贫穷,疾病还是健康"。但一旦结婚有了孩子,最好还是先尽全力试图拯救这段婚姻,不惜一切代价挽回家庭。你可以轻易换掉一个不认真的约会对象,但不能轻易换掉自己的老公。就像不要随便结婚一样,同样,也不要随便离婚。如果实在无计可施,关系不可修复,离婚才是最终的选择。

因此,我在这本书中不断强调选对人的重要性。在下一章中,我会更为系统地为你解析如何选对人生中的另一半。如果你选对了人,一切都会顺利多了。

在遇到像Lola那样糟糕的情况前,还不如从最开始就表达清楚你的底线。如果他不断越界,你就要付诸行动,在步入一段糟糕的婚姻前,趁早及时离开。

英语中有一个说法叫"Hire slow, fire fast",就是说雇人要精挑细选,解雇裁人要快刀斩乱麻。在感情中也一样。先好好了解,然后慢慢筛选,在判断对方是对的人后，再把你的心托付给他。一旦你发现两个人不合适，或者对方屡次触碰你的底线，就不必维持一段终会失败的感情。果断"裁员"，及时止损。

舍得离开的力量

无论他最终会任由你离开还是做出改变挽留你，舍得离开都会帮助你看清关系的真相。

前者虽然痛苦，但是你会明白，他原来并没有那么在乎你，因此，你不用再浪费时间在不值得的人身上。而后者，因为他害怕真的失去你，而努力弥补自己的过错，改善自己的不足，会让你在关系中更能得到满足。

舍得离开的力量要么会让他变好，要么会让你向前。

写出你的恋爱底线

请根据本章内容的指引，花几分钟的时间设定属于你自己的恋爱底线。

仔细想一想，在过往的恋爱关系以及和异性的互动中，对方的哪些行为触碰了你的底线？换一个说法，他的哪些举动让你感到不舒服，产生愤怒、失望、怨恨等消极情绪？

当你更清楚地看到自己罗列出的底线后，回顾一下本章的内容，问问自己：未来一旦有人触碰你的底线，你会如何应对？

PART 4

CHOOSE WISELY
选对人

第十二章
先瞄准，才能射中男神心
Aim At The Right Target

绘制你的择偶金字塔

你的选择决定你的命运。——文森（Vincent）

夺宝奇兵

每个小男孩的内心都住着一个充满好奇心的冒险家，我也不例外。小时候我最喜欢的电影就是《夺宝奇兵》，尤其第三部《夺宝奇兵：圣战奇兵》让我格外入迷，看了一遍又一遍也不觉得腻。这应该是我看过最多遍的一部电影。

冒险家印第安纳和他的朋友马库斯受美国商人多诺万的委托去寻找圣杯。因为多诺万得知，饮用耶稣在最后一次晚餐中喝过的圣杯之水就能让他长生不老。印第安纳不知道的是，多诺万是纳粹党徒，纳粹也在寻找圣杯。为了让印第安纳帮助他们找到圣杯，纳粹抓走了他的父亲。

几经波折，在电影的最后，多诺万和印第安纳同时到达圣杯所在的地方。桌子上摆放着琳琅满目的高脚杯，个个璀璨夺目。可是，其中只有一个才是真正的圣杯。守卫圣杯的永恒骑士对他们说:"正确的选择会让你们长生不老,错误的选择会让你们就此长眠。请作出明智的选择。"贪婪又心急的多诺万愚蠢地挑选了其中最为光鲜耀眼的杯子,一口就喝下了里面的水。结果,他瞬间开始衰老,他的皮肤马上干枯萎缩,头发花白脱落,很快,他瘦成了一具骷髅,随之倒地化为尘土。守卫圣杯的永恒骑士对印第安纳说:"他的选择太糟糕了。"轮到印第安纳做决定时,他顿悟:耶稣原来是个木匠,圣杯绝不可能是金的,应该是普通杯子才对。最终,他选中了真正的圣杯。圣杯骑士欣慰地说他作出了明智的选择。

选对伴侣的重要性无异于《夺宝奇兵》中选对圣杯的重要性。正确的选择会让你无往不利。作家阿尔贝·加缪(Albert Camus)说过,人生是你所有选择的总和。你的选择决定着你的命运,你的择偶决定着你未来的幸福。日本有一句谚语:"娶到坏老婆,就像六十年的长期歉收。"(悪妻は六十年の不作)嫁给不正确的人也是一个道理。

选对人,一切都会顺利多了。

女人挑剔，才会有星际探索

你很挑剔吗？很多女生会说"我对另一半没什么要求"，但一到面对异性的时候，可能就会不自觉地开始挑三拣四。这很正常，因为女人本来就对配偶更挑剔一些，并且这是好事。

女生会认为大部分男人无法达到自己的择偶标准，就别提配得上自己了，这可是交友网站的统计数据证明的。美国交友软件OkCupid上的女生认为80%的男生的吸引力都低于平均值，[1-2] 而男人对女生的评价则很不一样，他们认为大多数女生的魅力值处于中等偏上水平。可是在女人眼中，大部分的男人的吸引力都不及格，勉强及格的男人只有20%。当然，现实中男人并没有那么差，因为无论男女，大部分人都属于中等水平。

1　Rudder, C. (2014). *Dataclysm: who we are when we think no one's looking.* 1st ed. New York: Crown Publishers.
2　Rudder, C. (2009). *Your Looks and Your Inbox.* [online] OKTrends. Available at: https://www.gwern.net/docs/psychology/okcupid/yourlooksandyourinbox.html [Accessed 2 Oct. 2020].

男性评价女性

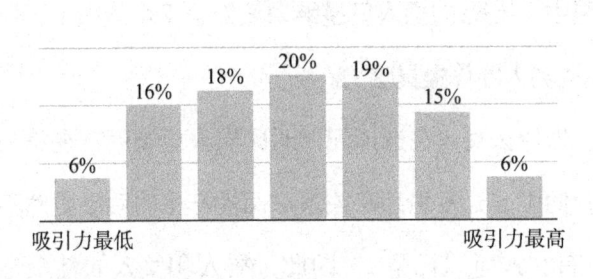

6%	16%	18%	20%	19%	15%	6%

吸引力最低 　　　　　　　　　　　　　　吸引力最高

女性评价男性

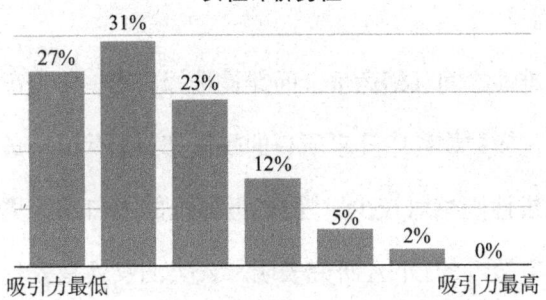

27%	31%	23%	12%	5%	2%	0%

吸引力最低 　　　　　　　　　　　　　　吸引力最高

女性对男性的评价体现了一个很标准的帕累托法则（Pareto Principle）分配。帕累托法则也被称为二八定律，指出仅有约20%的变量操纵着80%的局面。意大利经济学家帕累托（Vilfredo Pareto）在1906年发现意大利约有80%的土地由20%的人口所有，80%的豌豆产量来自20%的植株，等等。直至今日，该法则依旧在很多不同领域中广泛出现。例如，20%的人口占有80%的社会财富，20%的强势品牌占有80%的市场份额，80%的销售额来自20%的客户，等等。现在我们也知道,大部分女人也只看上20%的男人。不过,在女人眼中,20%的男人只是魅力值处于平均值以上,只有2%的男人才算极具魅力。

为什么女人在选择配偶时比男人更挑剔？在第一章中我们讲过,发生亲密关系对两性产生的后果截然不同（只有女人可以怀孕）,因此,男人和女人的性策略也不同。

雄性之间互相竞争,而雌性选择和哪一个交配。因此,在多数物种中几乎所有的雌性都有后代,而成功交配的雄性则相对较少。[1]虽然世界上的人口约为男女各半,但最近的DNA研究表明,人类的女性祖先是男性祖先数量的两倍。大概80%的女性有自己的后代,而男性只有40%。[2] 这意味着有史以来,一半多的男人被彻底拒绝过。

在一定程度上,女性的挑剔使得人类的进化加速。我们说过,男人有多努力,是由女人决定的。如果男人无须工作、没有社会资源、无须赚钱养家,也照样可以

---

[1] Krasnec, M., Cook, C. and Breed, M. (2012). Mating Systems in Sexual Animals. *Nature Education Knowledge*, 3(10), pp.72

[2] Baumeister, R. (2010). *Is there anything good about men? How cultures flourish by exploiting men*. Oxford: Oxford University Press.

吸引女生，那毫无疑问，很多男人就不会拼命发展事业，不会有动力创业，不会加倍努力工作。如果女人不挑剔，男人就没有动力变得更优秀。

幸好女人是挑剔的，并且男人的成就与能力是女人看重的择偶标准。男人知道自己越成功、越有成就，就越有机会被女性选中。许多人类的文化展示（画、诗歌、建筑等）都是男人在努力为更多女人炫耀其价值的结果。[1] 就像演员奥逊·威尔斯（Orson Welles）说的："如果不是女人，我们还蹲在洞穴里啃着生肉，我们创造文明是为了吸引女生。"

有经济学家提出，中国人均GDP约20%的增长率，可以归因于性别比例的上升。因为在中国，男人比女人多，在婚恋市场中，女性可以提出更多的要求，比如传统的买房、买车。因此，男生想要找个好对象，只能多多努力赚钱。[2] 果然，女人的挑剔还能使经济蓬勃发展。

不过，别以为只有人类女人如此挑剔，很多其他雌

---

1 Miller, G. (1998). How mate choice shaped human nature: A review of sexual selection and human evolution. *Handbook of evolutionary psychology: Ideas, issues, and applications*, pp. 87-130.
2 Wei, Shang-Jin & Zhang, Xiaobo. (2011). Sex Ratios, Entrepreneurship, and Economic Growth in the People's Republic of China.

性动物对于筛选配偶也有很高的要求。因此，雄性不得不为了获得青睐而进行各种各样的努力。

20世纪90年代末，潜水者在海底深处发现了一些神奇又复杂的圆形图案。这不禁引人们好奇，怎么会在海底有如此精美的雕塑呢？是谁做的？直到2013年才真相大白——那是雄性白点窄额鲀（PUFFER FISH）为了吸引雌鱼的注意而制作的巢穴。这个直径长约2米的巢穴都是用它小小的鱼鳍建造的。它们不仅对沙子精雕细刻，还会拾捡贝壳作为装饰。整个建造过程需要24小时不间断地进行，并且要持续一个星期，一旦停下来，就会因被潮汐或其他生物破坏而前功尽弃。被精心搭建的巢穴吸引而来的雌性窄额鲀与雄性窄额鲀在圆圈中心交配产卵。巢穴设计的形状与沟壑形成了天然的屏障以保护鱼卵，雄性窄额鲀也会留在巢穴驱赶侵略者以保护自己的后代。我几乎不敢相信动物能创造出如此伟大的作品，更不用说只是一条身长只有约20厘米的小鱼了。为了"撩鱼"而夜以继日、不眠不休地建筑爱巢，雄性白点窄额鲀成了海底的毕加索。

雄性的非洲织布鸟在交配季节也会与其他雄鸟展开一场编织爱巢的角逐。它们会精心编织一个巢，当发现附近有雌鸟出现时,它便会倒悬在巢底展翅,大力拍打以引起"她"的注意。雌鸟发现自己的追求者后便会进巢检查。雌鸟对爱巢的品质以及雄鸟筑巢的能力十分挑剔,它用喙拉动巢壁,检验建筑的工艺是否高超,此时的雄鸟还得在附近引吭高歌,好像在为检验仪式助兴。如果雌鸟不满意,便会掉头而去,被拒绝的雄鸟只好努力重新加工设计,直到下一只雌鸟满意和青睐。雌性织布鸟挑剔地选择会筑巢的雄鸟,可以解决自己产卵孵雏以及幼鸟的住屋问题,以免于风吹雨打和天敌的入侵。若没有雌鸟的挑三拣四,随便就与一个筑巢低手比翼齐飞,说不定一阵风就会吹翻满巢的卵,就真成"鸡飞蛋打"了。[1]

看起来,雌性织布鸟和雌性白点窄额鲀与大多数女生的想法比较一致:女人也更喜欢有"巢"和有"制巢"能力的男人。

总而言之,女人一定要"挑剔"。你未来的幸福以及世界的发展可都靠你明智的筛选了。

---

[1] Buss, D. (2019). *Evolutionary Psychology: The New Science of the Mind*. 6th ed. New York: Routledge.

捕获男神

就像雌性织布鸟心里很清楚自己想要拥有"豪巢"的配偶一样，你也需要明确自己想要与其共度一生的是什么样的人。你要制定属于自己的择偶标准。很多女生的问题是，自己没有什么择偶标准，只看缘分，只要有眼缘，对自己好就够了，而一旦有一个这样的人出现，却不知道为什么自己怎么都不喜欢他。

在寻找人生中的另一半时，你可曾问过自己这些问题：他会是一个怎样的人，你想与之拥有怎样的关系和未来，他必须具有哪些特征，他必须具备怎样的价值观和条件，等等。明确自己的目标，你会更容易实现它。

如果一个猎人去森林打猎，但他也不确定自己想捕获什么猎物，就很难有所收获。他一口气跑到森林里，看到一只野猪，准备开枪时又发现一只狐狸跑向相反的方向，在他看向狐狸的时候，野猪已经跑了。这时他想，狩猎一只狐狸也不赖，正准备开枪，这时他又发现更近处有几只鹌鹑，他又转移目标了。一次又一次，这样漫无目的地打猎，结果要么空手而归，要么收获微乎其微。

但如果猎人很清楚今天打猎的目标是野猪,就会缩小他的视野,他会集中于寻找野猪,很难被其他动物分心。见到目标,他就能射中猎物。他不会在错误的目标身上浪费时间,因为他很清楚自己想要的是什么,就更容易成功捕获它。

如果你想"捕获"你的男神,或者换一个更温柔的说法,你想俘获他的心,你也要清楚自己寻找的目标。不少女生正是因为不清楚自己到底想要什么,而在感情中遇到不少挫折。

Andrea是一个来自中国香港的学员,她来咨询我的时候说自己想要找到一个能够投入很多时间和精力来关心她的人,但与此同时,她也最被那些财力雄厚的成功人士吸引。当时的她正在和一个这样的人交往。他事业成功,拥有几家自己的公司和数不过来的车子和房子。但是他忙于经营生意,不是在出差,就是在出差的路上。再加上每天不间断地应酬和开会,他总是没有时间陪在她身旁,也很少有空对她嘘寒问暖。见面时,他倒是每次都会给她带礼物,除此之外,就很少有时间理会她。尽管她一直在纠结,但最终她明白了,比起成功人士,她更想要的是一个能给她陪伴和关心的人。他也许是另一个女人的白马王子，但不是Andrea的。

为了选对人，你也要明确对自己心仪男人的定位。那么，如何才能精准定位？

你的择偶金字塔

你对自己的价值观清楚吗？当人们被问到"你的价值观是什么"时，就好像要回答一个特别深奥的问题，很容易哑口无言。其实，换一个问法就简单多了：对你来说，生活中最重要的是什么？

你觉得赚钱最重要，还是帮助别人最重要？你很担心风险，更愿意墨守成规，还是想要追求探索和冒险，不断尝试新的事物？你喜欢的旅行地点是大自然还是大城市？你认为健康的饮食和规律的运动是很重要的事情，还是更倾向于尽情享受当下，老了以后才担心养生的问题？你喜欢去咖啡厅静静地看书，还是更喜欢在酒吧和夜店欢饮起舞？在一段关系里，你需要很多独立的个人空间，还是希望两个人可以无时无刻不黏在一起？

每个人都应该拥有自我意识，更为深入地挖掘自己、探索自己、了解自己。毕竟，按照自己的价值观生活是通往幸福的秘诀之一。

在我大学毕业刚工作不久的时候，我意识到自己更看重的价值观是自由。这意味着每天在公司里朝九晚五、按部就班地按照别人的计划工作，会使我感到生活索然无味、缺乏意义。当然，这样的工作也许是许多人向往的，只是并不适合我而已。除此之外，我也十分看重创意的发挥。如果无法在工作中发挥我的创造力，我就很难获得满足感与成就感。因此，我选择从事一个与我的价值观一致的工作——既自由又能不断创造新内容。对我来说，这样的生活每天都幸福且有意义。

我的一个男性朋友曾经与一个很性感的女生在一起。他们的关系充满激情与刺激，他十分享受两个人在一起的时间，甚至几个月后已经在脑海中想象与她结婚生子。一切都看起来如此甜蜜，直到有一天，她的出轨打破了他所有幸福的幻觉，他的世界崩溃了，用了一年多的时间才从这段伤心的经历中慢慢恢复。不过，这次心碎可以称得上"塞翁失马"，通过这件事，他更加了解了自己的择偶需求，他明白虽然自己喜欢激情，但比起忠诚和专一，还是后者更重要。

前一段时间，有一个想要脱单的女生联系我说她不想要孩子，很担心大部分男人不会接受这一点，问我怎么办才好。答案当然是她需要找一个同样也不想要孩子的男人。这样的男人有很多,她只需要找到一个自己能接受的即可。当然,她也可以选择一个已经有孩子并不想再要孩子的离婚男人,但她不能强迫自己作违背自己价值观和目标的选择。

另一个咨询过我的女生也很头疼。据她说,她的性需求比较高。她有一个各方面都很优秀的男朋友,她特别喜欢他,可是他在性需求方面与她差异太大。如何解决?除非她学会调整自己的需求,否则就需要找一个与她在这方面需求一致的人,不然在这段关系中她就很难幸福。

无论选择工作还是选择伴侣,最好选那些与自己的价值观一致的选项。每个人的性格、需求、喜好、生活习惯等各不相同,择偶的价值观也因人而异。所以,为了精准定位自己心仪的另一半,对自己坦诚相见,才能窥探自己心底真正的答案。问问自己,你的核心价值观是什么?对你来说,生活中最重要的是什么?在选择伴侣时,你更看重哪些方面?

在制定自己的择偶标准时,最关键的是制定自己的择偶需求等级——择偶金字塔。在金字塔的底部两层是属于"必须有"范畴，而在顶端的两层则为"希望有"范畴，重要程度由下至上递减。区别在于"希望有"属于锦上添花，"如果有就更好，但不是必要的"，而"必须有"是无论如何都不可或缺的条件。

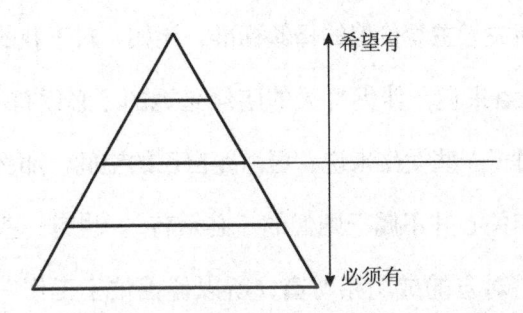

在你的择偶金字塔中，包含客观价值和主观价值特征。

比如，在客观价值中，你想要找比自己高的伴侣，最好180厘米以上。如果他只有175厘米，但是有很多其他的优点，对你也很好，你是否愿意接受？那如果他比你矮呢？如果答案是肯定的，就说明身高只是"希望有"而不是"必须有"。如果答案是否定的，就说明比自己高是你的"必须有"，不可让步。

可能你喜欢帅气的，你的另一半必须拥有好的身材和外表。再有钱和有能力的男人，若是有啤酒肚，你也无法接受。那身材和外表则是你的"必须有"。

也许你希望对方的年收入能够达到100万元,但是少一点也是可以接受的,这便是你的"希望有"。但你无法接受没有你学历高的人,他至少得是硕士,这就是你的"必须有"。

而关于主观价值的择偶标准,比如,对于我的学生Andrea来说,伴侣每天的陪伴是她的"必须有"。当然,对于一些女生来说,更需要自己的空间,那么多的陪伴和关心并不属于她们的"必须有"。也有一些女生更在乎对方的成功和财富,所以伴侣忙于工作、疏于陪伴也是可以理解和接受的,在她们眼中,Andrea的"必须有"就成了自己的"希望有"。

如果你很难想起来具体有哪些"必须有",也可以尝试反过来想一想他必须"没有"的一些特征。比如,你无法接受其脾气暴躁、没有雄心、经常说谎等。

当清楚自己的"希望有"和"必须有"之后,择偶标准会更加明确,帮你更快速地过滤、淘汰掉不符合标准的对象,大大缩短找到真正适合自己的优质另一半的时间。很多人正是因为在不清楚自己内心真正想要的是什么时就选择与一个人交往,结果过了一年,甚至更久,才逐步意识到两个人并不合适,自己在这段关系中很难得到满足。如果从一开始就清楚自己的"必须有"和"希望有",就可以更快地判断是否值得与对方展开一段恋爱关系。不要像漫无目的的猎人一般,一次又一次地浪费时间和心思在不合适的人身上,最终错失真正的目标,只能空手而归。

想要"捕获"男神,要先瞄准,才能一击必中。所以,请拿出一支笔,思考一下,写下属于你的择偶金字塔:

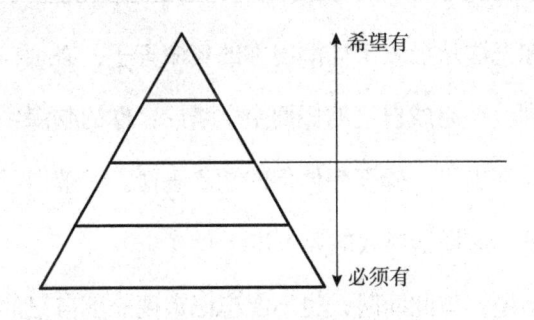

必须有

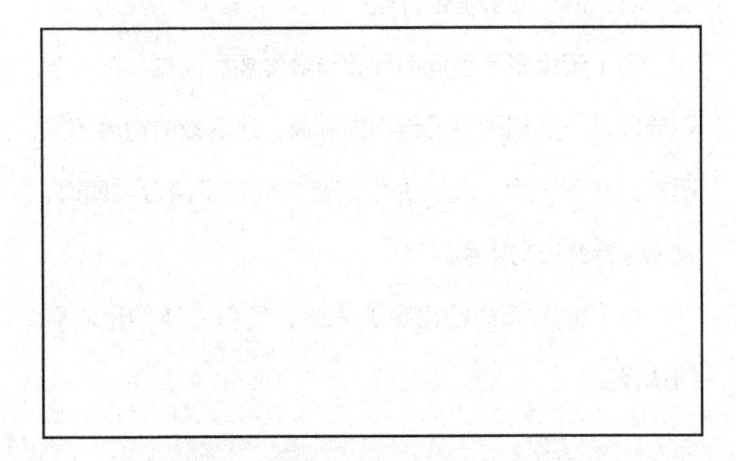

希望有

你无法从批发市场淘出你的真命天子，必须自己量身定制。在完成自己的择偶金字塔后，你的脑海中应该已经浮现出了一幅理想伴侣的初步画像。了解自己的真实诉求，这是选对人的第一步。

但是，与此同时，也不能忘记审视一下自己的择偶金字塔：你的要求是否合理？

为了避免眼高手低而导致与真爱擦肩而过，下一步需要你进一步刻画自己伴侣的画像，让真爱的轮廓更加明晰。在下一章，我会为你揭秘如何在不凑合的同时，又能保持合理的挑剔。

当下的选择描绘出你的未来，所以，请作出明智的选择。

第十三章
小心达·芬奇偏见
Beware Of The da Vinci Bias

掌握眼高手高的FLOW

继续找，不要放弃。千万别屈就于自己不喜欢的事。用尽所有心力去找，你会找到的。当你找到时，你的心会告诉你的。——史蒂夫·乔布斯（Steve Jobs）

有钱才能买到法拉利

"找到合适的人简直比大海捞针还要难!"

这的确是很多女生内心的挣扎和呐喊。可能你也觉得找到合适的人很难,但其实你并不需要在海里找一根针,只需要在海里找一条鱼。好消息是,海里的鱼多得很。只不过,有的是好鱼(Mr. Right),但危险的鱼(Mr. Wrong)也不少。除此之外,海里还有一种并不罕见的鱼,既不是很好,又不是太危险,也就是所谓的"凑合先生"(Mr. Settle)。

你的一生中会遇到很多这样的男生,他没有白马王子的优点,也不像"渣男"和自恋狂般罪不可恕。"凑合先生"往往比较靠谱,他想和你在一起,也愿意为你付出承诺,只是没能让你怦然心动。

我们已经不处在"男人能让你吃饱,就说明适合嫁给他"的远古时期。在现代,结婚的确依然需要考虑现实因素，需要一定的物质水平作为保障，但是，婚姻不能只有"面包"，幸福美满的婚姻需要更高级的东西——爱。

如果你选择与一个男人在一起，不是因为你爱他，而只是因为家人的催促、年龄的焦虑与压力，因为"我虽然对他没有什么感觉，但最起码他对我很好"，因为怕找不到更合适的人等不正确的原因，很有可能这段关系的结果不会很乐观。

美国的一项研究发现，70%的离婚案都是由女人提出的，原因是女人评价自己的婚姻关系质量比男人低，女人不满意。[1] 当然，没有人能保证和自己爱的男人结婚20年还会幸福，但是与和不爱的男人结婚比，前者婚姻幸福的可能性要高多了。长期和一个人相处本来就不容易，很多一开始相爱的人最后也会分手，但只有选择一个你爱他、他也很爱你的人，才能提高生活幸福的概率。

女生是要和不喜欢的人凑合一下，还是应该锲而不

---

[1] American Sociological Association. (2015). *Women more likely than men to initiate divorces, but not non-marital breakups*. [online] ScienceDaily. Available at: www.sciencedaily.com/releases/2015/08/150822154900.htm [Accessed 9 Jan. 2021].

舍，直到找到梦中的白马王子？"宁缺毋滥"是我一直以来很喜欢的成语，我觉得对方不合适还不如单身。可是，要一直单身到什么时候呢？是你认识的所有男人都真的不合适、都是"渣男"、都配不上你，还是你的要求太高了？

在我刚刚写到这里的时候，恰好收到了一个女生的信息：

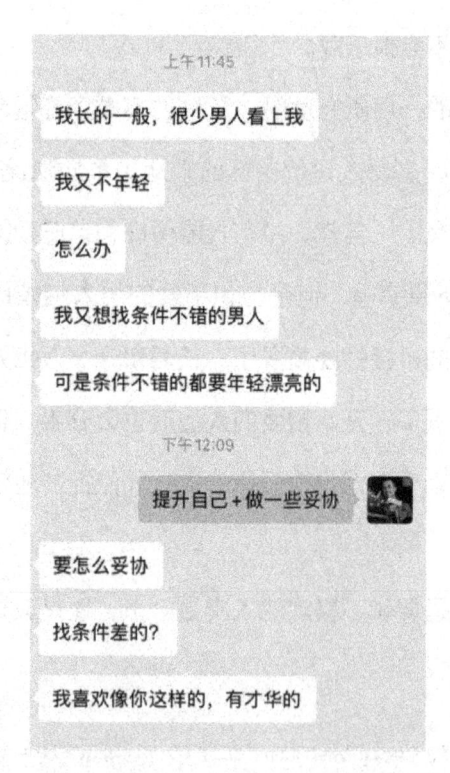

> 上午11:45
> 我长的一般，很少男人看上我
> 我又不年轻
> 怎么办
> 我又想找条件不错的男人
> 可是条件不错的都要年轻漂亮的
>
> 下午12:09
> 提升自己+做一些妥协
>
> 要怎么妥协
> 找条件差的？
> 我喜欢像你这样的，有才华的

首先，感谢她的夸赞；其次，我们来认真地分析一下她的情况。

我不认识她,也没有见过她,她只是一个刚刚咨询过我的女生,但凭她一字一句的自我描述,可以初步诊断,这是一个典型的"要求太高"案例。"很少男人看上我""又想找条件不错的男人"。这就好比一个人说自己没有钱,但就想买一辆法拉利。

我的答案是"提升自己+做一些妥协",虽然可能看起来过于简单,但事实上却是眼下最合理的解决方案。很少有男人看得上她,说明她魅力不够,需要提高。幸好,我们可以通过很多途径提升自己的个人魅力,比如提高情商和聊天技术、规律的锻炼让身材更有曲线、改造穿衣打扮的风格等。总之,第一步必须是提升自己。然后,在提升自己的同时,她也需要调整自己的要求,量体裁衣。

没有钱却想买法拉利的人,要么只能先买一辆很便宜的车开,要么为了得到法拉利开始努力多赚钱。在赚钱的过程中,他也许已经可以买得起法拉利,也许虽然钱还是不够,但已经可以买一辆奔驰或宝马,这也是非常不错的选择。

在感情中,无论男人还是女人,往往都会犯"宽以待己，严以律人"的错误。而实际上，在两性婚恋市场中，个人自身魅力的高低与对伴侣提要求的能力是正相关的[1]。一个总体魅力值5分的人，对伴侣的要求是8分以上，这就不是合理的要求。因此我总是不停强调，无论如何都要尽全力最大化自己的魅力值，这会使你提择偶要求的能力不断提高，让你在婚恋市场中有更多可筛选的余地。你越有价值，就越有资格提出更高的要求。

我们说过，女人挑剔是好事，但过于挑剔就容易弄巧成拙。总是看不上大部分男人的女生，只说明一件事——要求过高了（除非自己是世界上数一数二有魅力的人）。当周围的人似乎没有一个符合你的标准时，那你就应该衡量一下自己的标准了。

可是，为什么很多女生依旧会眼高手低呢？我发现了一个很神奇的原因。

达·芬奇偏见

伟大的达·芬奇（da Vinci）曾说过，你只要尝

---

[1] Buss, D. and Shackelford, T. (2008). Attractive Women Want it All: Good Genes, Economic Investment, Parenting Proclivities, and Emotional Commitment. *Evolutionary Psychology*, 6(1).

试过飞行,日后走路也会仰望天空,因为那是你曾经到过,并且渴望回去的地方。

这让我想起一句广告台词:"品尝一次,爱一辈子。"在感情中,这种现象非常普遍。尤其是随着社交平台和交友软件的普及,暴露出了一个十分残忍的事实。借鉴达·芬奇的这句名言,我将这种现象命名为——达·芬奇偏见(the da Vinci bias)。

在上一章我们提到,交友软件中的女生认为80%的男生的吸引力都低于平均值。在女人眼里,只有20%的男生是中等以上,并且只有2%的男人算是特别有魅力。但男人天生的性策略是机关枪策略。这意味着,这2%最有魅力、最受欢迎的男人往往更有选择,也有能力得到更多伴侣,因此他们通常不会拒绝,反而会选择"尝试"不同的女生。他越优秀,越有市场,就越有选择的能力。

问题的关键在于,愿意在不同的女生之间游走,并不等于他愿意在每个人身上投入感情,更不意味着他想与她们共度一生。不少女生就在此有了误会,以为对方愿意与自己有亲密接触,就误认为他是真的喜欢自己。

男人在面对女生和恋爱时,会区分长择对象与短择对象。两者之间的标准，对男人来说是截然不同的。在选择女友，尤其是结婚对象时，男人通常会更加挑剔地寻求各方面价值与他"门当户对"的对象。而对于短择对象来说，要求并不是那么高。有研究指出，在选择长择对象时，男女都同样挑剔。可是，当女生只想短择时，她们会更挑剔地选择"最帅、基因最棒"的那个男生。男人则不同，为了选择短择对象，他们明显降低了自己的标准，[1]男性对休闲性行为的态度也更为宽容。[2]大规模的跨文化研究也支持了这一发现。面对低投入成本的短择对象，男人不那么挑剔。[3] 9分的女人不愿意和6分的男人结婚，也更不愿意和他发生性关系。可是，许多9分的男人不愿意和6分的女生结婚，但乐意和她们玩玩。

这意味着，很多魅力值处于中等水平的女生有机会"尝试"那2%的优质男生，从而产生达·芬奇偏见。因

---

[1] Li, N. and Kenrick, D. (2006). Sex similarities and differences in preferences for short-term mates: what, whether, and why. *Journal of personality and social psychology*, 90(3), pp.468-489.

[2] Petersen, J. and Hyde, J. (2010). A meta-analytic review of research on gender differences in sexuality, 1993-2007. Psychological Bulletin, 136(1), pp.21-38.

[3] Buss, D. and Schmitt, D. (2019). Mate Preferences and Their Behavioral Manifestations. *Annual review of psychology*, 70, pp.23-24.

为交往过最有魅力的少数男人，而不再考虑98%的大多数男人。只愿意短择她们的那位"男神"成了她们的新择偶标准——一个不切实际的标准。

的确，她们或许能够轻而易举地得到这类男人的短期兴趣，但关键的问题是，她们能得到他们的长期承诺吗？

所以，要清楚这一点：择偶标准的制定，要和什么样的人愿意给你长期承诺挂钩，而不是和什么样的人愿意让你做短择对象挂钩。

在"男性空间"（MANOSPHERE）网络社区中，有一个概念叫作"阿尔法男寡妇"（ALPHA WIDOW）[1]。Alpha一词源于希腊首字母α，在族群文化中，是领袖的象征。阿尔法雄性则是占有绝对优势基因的、最为强势的雄性领导人，比如动物中的猩猩和狼头领。它们在群体中游刃有余、一切尽在掌握。想想曾经的皇帝，拥有至高无上的权力和三宫六院的妃嫔。而在现代社会中，阿尔法男可以描述成被男人尊重和跟随，也被女人欣赏和追捧的男人，也就是所谓的男神。

---

1 Tomassi, R. (2013). *The Rational Male.* California: CreateSpace Independent Publishing Platform.

那么,所谓的"男神寡妇"指的就是"曾经短暂地和这样的优秀男人在一起过"(曾经尝试过飞行),因此就"总是回首与他相处的过往,定下了不切实际的择偶标准"(永远仰望天空)的人。一旦遇到的男人不如曾经的伴侣优秀、有魅力,哪怕对方的客观价值和主观价值相对来说都不低,她们也很难看得上。

达·芬奇偏见也正是一部分女生认为"总是遇不到好男人"的原因之一。她们的一生中明明会认识与她的魅力值完全相当的男人,但心底总是觉得,无论如何都无法与原来的那个"他"相提并论。

想要和最好的男人在一起,其实是一种自然的本能,也正是所谓的"慕强择偶"(HYPERGAMY)。但是,如果受达·芬奇偏见的影响,女生的择偶要求过高,就很容易出现眼高手低的情况,找到一个合适的人就难上加难了。

在交友软件中,极少有男人会得到大量女生的关注,大部分男人抱怨自己很少与女生配对成功。那女生获得了胜利吗?结果不然。大部分女生能够"品尝"男神,却因为无法与之建立稳定的长期关系,均以失望和失败告终。在达·芬奇偏见的影响下,男神往往成了最后的胜利者，他们享有大量的女性资源，而许多其他人则要面临打光棍的风险。

读到这里，我相信你已经意识到达·芬奇偏见是何种现象的体现——没错，只关注一个人的客观价值（魅力值），却完全忽略他的主观价值（情感投入）。

完美的男人不真实，真实的男人不完美。如果无法得到9分男人的承诺，还不如实际一点，找一个认真投入恋爱的7分男人。尽管他们的魅力可能稍差，但所谓9分男神的主观价值是无论如何都无法与之相提并论的。

那到底如何做到既不凑合，又能找到主观价值高的男神呢？真的有两全其美的解决方案吗？

不凑合与挑剔的甜蜜点：心流（Flow）

住在我父母家隔壁的邻居是一个拥有西班牙"铁饭碗"的公务员。他的学历比较高，但据他描述，他的职业只是"喝咖啡、抽烟、看报纸"。我小时候想，这应该是最理想的工作吧，什么都不用做，又能赚钱，一定很幸福。我父亲立刻反对我说："不，这正好是幸福的反面。漫无目的地看着日子一天天过去，没有意义。"

就像我小时候无法理解为什么父母吃饭的时候不想看动画片，反而总选择看最无聊的时事新闻一样，有些事情只有长大以后才能明白。没有责任和目标，每日清闲地"喝咖啡、抽烟、看报纸"，虽然这样既稳定又没有压力，但这也会让自己的学历和技能毫无发挥之处，把自己的人生浪费在没有意义的事情上，这并不幸福。

心理学家米哈里·契克森米哈赖（Mihaly Csikszentmihalyi）在《心流》一书中描述了如何获得Flow，所谓的心流状态，即指一种将个人精神力完全投注在某种活动上的感觉。面对不同的挑战和技能水平，人们的心理状态通常会在不同状态之间变化波动。

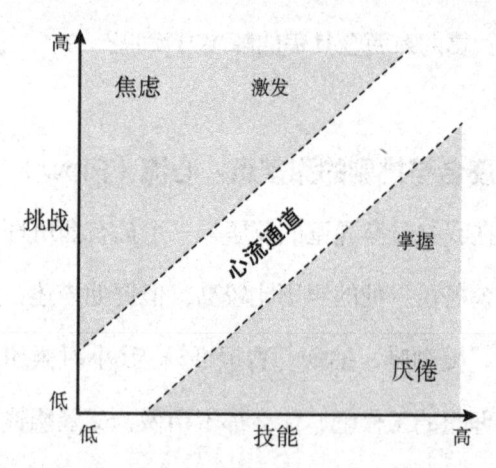

比如，国际象棋大师和新手下棋，前者会觉得太无聊，没有挑战性，后者会觉得很焦虑，甚至绝望。

国际象棋大师的水平很高，他只有在和一个旗鼓相当的人下棋时（挑战高）才会深深沉浸于充满乐趣的比赛中。挑战与技能水平刚刚好匹配，这就是理想的心流状态。

我邻居的"铁饭碗"工作安全稳定，一辈子都不用面临失业的危机，但与此同时，他也需要忍受无所事事的无聊，缺乏责任、毫无挑战，也没有学习和成长的机会。这样日复一日的朝十晚五，生活很容易缺乏意义。相反，如果处于一个极具挑战又很不稳定的工作环境，做着远远超过自己职业技能水平的工作，每天面临多项艰巨的新任务，必须达到非常高的业绩，否则将会面临炒鱿鱼的风险，这样高强度、高压力的工作也不适合自己的长期事业发展，因而也无法从中获取幸福。

除了睡觉的时间，工作会占据我们生活的大半，所以，让生活一半的时间缺乏意义，貌似不是长期幸福的最佳战略。当然，这本书不叫《好好工作》，所以，心流和爱情有何关系？感情中也有心流吗？如何在恋爱中找到这种理想的甜蜜点？

"行吧，这个工作虽然只能喝咖啡、看报纸，每60分钟像60小时一样慢，但最起码稳定不辛苦"，这就好像"行吧，虽然我对他没什么感觉，但最起码他工作稳定，对我也不差，应该不是个渣男，算是个适合过日子的人选吧"。

将心流的框架应用于恋爱中，我将其称为"择偶心流"——当对方的"挑战"符合自己的"技能"时，双方的魅力值就会达到相互匹配的最佳择偶状态，这也正是我们在第二章强调的现代版的"门当户对"。

如果你的择偶标准太高，试图找到一个婚姻市场价值高于自己太多的人，就可能导致自己很难被对方看上，若是真的能够在一起，也不一定能得到对方的全情投入与承诺，总是担心他会另寻新欢而出轨离开自己，终日处于焦虑的状态。

如果你的择偶标准太低，接受一个婚姻市场价值比自己低太多的人，则很容易感到枯燥乏味，久而久之，心底积累已久的不平衡感会导致对对方的不满与蔑视，依旧很难在这段关系中获得幸福感，毕竟，这种情况使你始终处于择偶心流的厌倦状态。

因此，想要在恋爱中获得心流状态，你的技能（你的魅力值）与他的挑战（他的魅力值）要匹配。既不能高攀，又不能凑合。

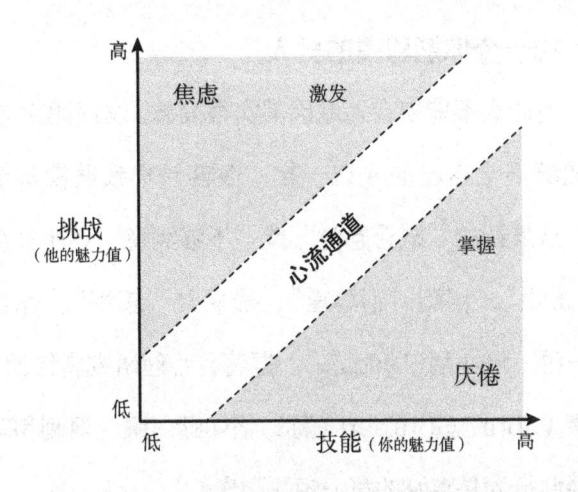

```
高↑
        焦虑    激发
挑战                    心流通道
(他的魅力值)              掌握
                        厌倦
低
  低        技能(你的魅力值)    高
```

但毕竟爱情不是数学,两个人的魅力值很难100%处于同一水平。所以,相对来说,如果能达到"激发"与"掌握"状态,就说明两人的差异也并不太大。前者意味着对方的魅力值略胜一筹,但你可以通过提升自己来平衡魅力的差值。后者说明你比对方的魅力值高,但他也不是一个很差的对象,他既不会让你担心,又对你有一定的吸引力,这将会使你对这段关系有更大的把握。

择偶的甜蜜点就在目标太高与目标太低的中间地带。在那里,你能掌握恋爱的心流,体验愉悦沉醉,爱情才有意义。

找一个你能尊重的男人

为什么不能凑合？原因其实很简单。如果和不够喜欢或配不上自己的人在一起，很容易导致蔑视甚至仇恨。从最初的"缺乏感觉"或"不够满意"逐步升级到"不耐烦"，再到"不尊重"，最后到"怨恨"。你会处于一种"慢性翻白眼状态"。据著名心理研究者约翰·戈特曼（John Gottman）称，诸如翻白眼、讽刺和骂人等轻蔑行为是离婚的第一预测因素。[1]

仇恨与蔑视就是恋爱关系的毒药，其中的原因之一就是关系的不平衡。蔑视对方的那个人通常认为自己比对方更有价值，自己在这段关系中吃了亏，因此越发不再尊重对方。为了维持一段好的关系，两个人需要培养对彼此的欣赏。问题是，如果自己真的比对方的婚恋价值高很多，就很难找到欣赏之处。因此，避免感情中蔑视的最好方法就是预防。从一开始就选对人，找一个配得上你的人，一个最起码能够给予你足够尊重的男人。

《蓝色情人节》（*Blue Valentine*）这部电影完美

---

[1] Gottman, J., Levenson, R. and Woodin, E. (2001). Facial Expressions During Marital Conflict. *Journal of Family Communication*, 1(1), pp.37-57.

地反映了这种现象：Cindy与Dean开始约会不久，她意外怀孕，于是Dean决定与她结婚，建立家庭。六年的时光让热恋的甜蜜与激情褪去，两人的婚姻出现了危机，Cindy的言行举止中充满了厌倦与冷漠。Dean想借情人节的机会修补彼此的关系。他特意定了一家情侣主题酒店，将女儿留给外公照看，希望新鲜的刺激能够重燃关系的激情。在酒店中，Cindy满是无奈地多次拒绝了Dean的示好，最终两人不但感情没有得到修复，反而越吵越凶。

Dean是一个好爸爸，也很疼爱Cindy，他以家庭为重心，想要的是妻女相伴的平淡生活。但是在她的眼中，他早已经成为一个爱喝酒、事业失败、安于现状、没有雄心的男人。两个人对婚姻及未来的价值观早已出现了严重的分歧。在Cindy心底积压已久的不满与轻蔑，早已生根发芽，长成了一棵参天大树，她越来越无法忍受Dean，最终，两个人的关系支离破碎、无法继续。

如果你不知道和一个人在一起算不算凑合，请你想一想，他是不是一个你能欣赏的男人，你又是否能够给予他足够的尊重。因为，好好谈恋爱的根基是双方对彼此的尊重。要选择一个受你尊重的另一半，否则，感情中早晚会出现蔑视与怨恨的积累，这样的关系无法幸福，也很难长久。

你的另一半可能不是世界上最帅气的明星，可能不是最富有的亿万富翁，但他也不应该是一个特别缺乏魅力与能力的男人。只有主客观价值都能和你相配的男人才应该成为你的择偶人选。

相信现在的你已经知道如何在保持合理挑剔的同时避免凑合，那么，在下一章你将学会如何在第一时间快速辨别并淘汰一切不合适的人。

请记住，不要凑合，同时保持合理的挑剔。请小心达·芬奇偏见，掌握爱情中眼高手高的Flow。

第十四章
尽快淘汰错误的人
Get Rid Of Mr.Wrong Fast

戒"渣"的艺术

如果一段关系不能使你成为更好的人,那你就跟错人了。——文森(Vincent)

"生死攸关"的问题

作为两性中的筛选者,女人选择优质伴侣的重中之重是能够火眼金睛淘汰不合格的伴侣。我们甚至可以毫不夸张地说,这是一件"生死攸关"的头等大事。

在社会保障相对完善的今天,单亲妈妈都仍然不容易,可以想象几千年前的女性,若是因选择失误找到一个不稳定、不靠谱、不负责任的男人,因无法依靠伴侣提供的援助和保护,而面临需要独自抚养孩子的境地,会有多危险和糟糕。

当然,如今女人不再像过往那样需要依赖男人"生存",但是同样,选对人和选错人,能决定你过上的生活是圆满的喜剧还是痛苦的悲剧。假如我们把择偶的过程比作画像的话,在第十二章中,你已经根据择偶金字塔的制定,粗略地描绘出了理想伴侣的线条。上一章也通过择偶心流为你更清晰地塑造了"画框"。在本章中，你将学会如何如何排除错误的"模特"——淘汰错误先生（Mr. Wrong）。

Mr. Wrong是主观价值极低的男人。因此，为了避免在他们身上浪费时间和心思，你的眼光需要更加敏锐。为了帮你做到，我将Mr. Wrong分为六种类型。

1.极端的男人

最危险的Mr. Wrong就是有暴力倾向的男人。如若在约会或交往期间，你已经发现他性格暴躁、过于冲动、行为偏激，最好趁早及时止损。除此之外，极端的男人的问题还包括极强的控制欲和占有欲、极端嫉妒、情绪不稳定、缺乏自控能力等。

2.私生活混乱的男人

此类Mr. Wrong可能性格很好、很有魅力，但是他的生活习惯很不健康，养成了许多恶习。这类男人十分容易对最有害的事物上瘾，比如沾染赌博、酗酒、吸毒的恶习，甚至辗转于各种风尘女子之间难以自拔。无法在一些最基本的层面管理好自己的人，更无法管理好一段幸福持久的感情。无论他在其他方面有多迷人，如果有以上情况，请一定远离。近墨者黑，他的自我毁灭倾向也会深深地影响到你，坚持留在他身边，后果可能是玉石俱焚。

3. 彼得·潘男人

在年龄上，他是一个成熟的男人，但在行为上，他是一个无法长大的小男孩。你很有可能读过《彼得·潘》（*Peter Pan*）——一个会飞的淘气小男孩和他在永无岛的冒险故事，他是不愿意长大的男孩的典型代表。1983年美国心理学家丹·凯利（Dan Kiley）写了一本书叫《彼得·潘综合征：不曾长大的男人》，用来描述拒绝长大、渴望永远扮演孩子角色而不愿承担责任的不成熟男人。近年来，英语中也有一个新的单词形容这样的人："kidult"，kid（小孩）和 adult（成人）组合在一起的合成词。

彼得·潘男人的首要特征就是不成熟和不负责任。他们渴望永远扮演孩子的角色而不愿成为家长。他们对处理感情问题尚不成熟，所以对于维护长期稳定的伴侣关系有困难。在面临需要承诺的情况下，他便会临阵脱逃，故而不时更换伴侣，并通常选择年轻于自己的，以缓解被要求结婚成家的压力。如果与他结婚成家，他通常会担任关系中被照顾的一方，女生被迫成为丈夫的

"妈妈"，承担家庭中的大部分责任。

除非你想成为他的"妈妈"而不是爱人，否则不要找彼得·潘男人。

4. 无法付出情感的男人

在第九章中，我们提到了"无法付出情感的男人"这个概念，指已婚、有女友、不认真投入、不想谈恋爱的男人。我相信，应该不用在此再次强调为什么他们是 Mr. Wrong 了。大部分女人不会与已婚男人纠缠，但很有可能迷恋于那些对感情付出很少的人。

本书提及的最重要的法则之一，是喜欢那些珍惜你的人，在那些在乎你的人身上投入感情。在第十章我们特别强调了"双方"投入的重要性。他不一定是一个坏人，也不一定对你带有恶意（但也不排除有这种可能），但他无法满足你最基本的情感需求。

他不够珍惜你，不舍得投入他的时间和精力在你身上。他的主观价值基本为零，那只能说明他是不对的人。

5. 自恋狂

在 Mr. Wrong 中，自恋狂也属于最危险的伴侣类型之一。我见过一些在最绝望的感情中痛苦挣扎的女生，她们通常就是因为与这样的伴侣在一起才沦落至此。我也曾经与这种类型的人共事了几年，所以我非常了解此类人格的行为和动机。因此，我在此果断地告诫你，他们是你必须远离的一类人。

不过，"自恋狂"这一概念，近几年在西方已经十分流行，甚至经常被滥用。一旦某个人展示出了某种自私或骄傲的行为就会被错误地贴上"自恋狂"的标签。可是，真正意义上的自恋狂到底是什么样的人？

此"自恋"非彼"自恋"，自恋狂的自恋不是大家平时所熟知的"臭美"，很在乎并喜欢自己形象的自恋。他们的行为可不只是爱照镜子、爱打扮自己那么简单。与马基雅维利主义及精神病态一样，自恋也是黑暗三联征（Dark Triad）中的其中一个人格特质。自恋取向被分为浮夸型自恋（Grandiose Narcissism）和脆弱型自恋（Vulnerable Narcissism），[1]而在此基础上，还可能形成更为极端的形式——自恋型人格障碍（Narcissistic Personality Disorder，NPD）。

---

[1] Pincus, A. and Roche, M. (2012). Narcissistic Grandiosity and Narcissistic Vulnerability. *The handbook of narcissism and narcissistic personality disorder: Theoretical approaches, empirical findings, and treatments*, pp.31-40.

根据DSM-5（精神疾病诊断与统计手册)[1]，自恋型人格障碍症表现至少符合以下九项症状中的五项：

· 具有自我重要性的夸大感（例如，夸大成就和才能，在没有相应成就时却盼望被认为是优胜者）。

· 幻想无限成功、权力、才华、美丽或理想爱情的先占理念。

· 认为自己是"特殊"的和独特的，只能被其他特殊的或地位高的人（或机构）所理解或与之交往。

· 要求过度的赞美。

· 有一种权利感（即不合理地期望特殊的优待或他人自动顺从他的期望）。

· 在人际关系上剥削他人（即为了达到自己的目的而利用别人）。

· 缺乏共情，不愿识别或认同他人的感受和需求。

· 常常妒忌他人或认为他人妒忌自己。

· 表现为高傲、傲慢的行为或态度。

---

[1] American Psychiatric Association. (2013). *Diagnostic and statistical manual of mental disorders: DSM-5*. Washington: American Psychiatric Association.

说实话，在我看来，有些人或多或少会符合以上一些标准，比如，夸大自我重要性。是谁规定了每个人合理的自我重要性是多少呢？我相信，我们每个人都应该认为自己极为重要，这是爱自己的基础，也是自尊心高的表现[1]。

专注于成功、财富、理想爱情的幻想。这不正是每个人都梦寐以求的东西吗？一个充满着雄心壮志的人时常幻想自己未来会成功，所以努力奋斗追求，这样不好吗？

基本上没有人会讨厌被夸赞，所以如何判断被赞美的需求是否过度呢？如果你希望男朋友每天都夸你，对你甜言蜜语，而你的闺密不需要这些，是不是意味着你比闺密要自恋？

其实，这些特征在一些十分自信的男生身上也有一定程度的体现，但这不能说明他们是自恋狂。但是，自恋狂有一个极其明显的特征——剥削欲（Exploitativeness），即为了自身利益而毫无悔恨、自责地剥削他人。对女生来

---

1 Ackerman, R., Witt, E., Donnellan, M., Trzesniewski, K., Robins, R. and Kashy, D. (2011). What does the narcissistic personality inventory really measure? *Assessment*, 18(1), pp.67-87.

说，这才是最危险的自恋狂特征。

在此类人的眼中，恋爱关系只是一种不平等的交易性关系。我们说过，好的爱情是双赢的，那么，对于自恋狂来说，只存在他赢你输的关系模式。他们往往善于操纵他人，为了得到想要的一切，他可以很自私地丝毫不顾及你的感受和需求，无视你的底线，不仅会说谎欺骗你，还会毫无良心地控制你和利用你。自恋狂把他人视为为满足自己可资利用的物品。

理论上，自恋狂缺乏同理心，不愿认同和感受对方的情绪状态。通常来说，他们的情商并不低，虽然可能无法对对方的情绪感同身受（缺乏情绪同理心），但是他们能够读懂对方的情绪状态和需求（认知同理心），也知道自己的行为在你身上会产生什么样的结果，只是不在乎罢了，因为对他们而言，自己想做的事情比你的感受重要多了。

自恋狂普遍吸引力很高，一开始你和他的关系也许充满激情，因为他会尽全力展现自己最好的一面，迷惑住对方。一旦女生"上钩"，他的剥削行为就会开始。为了让自己在一段关系中的地位更高，他通常会试图采取手段降低你的地位。其惯用伎俩就是打击你的自我价值感，使你越来越不自信，他会不断打压你，使你感到窘迫，试图让你怀疑自己，逐步减少你的信心，以此创造一种病态的相互依赖、共存的关系，让女生需要他、依赖他、让他主宰你的决定和判断。

自恋狂会让你服从他一切不合理的要求，否则他就会用彻底离开作为威胁，并且当他找到下一个目标后可以很轻松地离开，就好像你从来没有存在过一样。自恋狂的自我感觉良好，但周围的人却会因此而遭殃。[1]

目前，大概有1%的人在某个年纪会形成自恋型人格。普遍来说，患者中男性（50%—75%）多于女性，其中年轻者多于年长者。[2] 尽管1%看起来是一个很小的数值，但这意味着，仅在中国就有大约1400万人属于自恋型人格，世界上有6000万—7000万的自恋狂。其实，你很有可能也遇到过这样的人，你也许仅仅以为他是普通的"渣男"而已，而实际上他比"渣男"更加危险。"渣男"只想骗色，而自恋狂则能骗你的一切。

当然，有很多人有自恋倾向，但尚未达到自恋型人

---

[1] Twenge, J. and Campbell, W. (2009). *The Narcissism Epidemic: Living in the Age of Entitlement*. New York: Free Press.
[2] American Psychiatric Association. (2013). *Diagnostic and statistical manual of mental disorders: DSM-5*. Washington: American Psychiatric Association.

格障碍的程度。因此，在本章的内容中我选择用"自恋狂"这个概念，不是为了让你对男人进行心理精神诊断，而是让你注意到对方的剥削性而尽快远离此类极不合适的对象。

那如何知道你是不是遇到了这样的Mr. Wrong？首先，你可以对照以上9个自恋狂的特点，了解并判断对方是否属于自恋型人格，他符合的特点越多，就越有可能是自恋狂。如果你正在与此类人交往，你也可以回想一下，和他在一起后，你是否会感到自尊心明显下降，变得越来越没有自信，也时常产生自我质疑。还有很关键的一点——他是否经常越过你的个人界限。

摆脱自恋狂有一种灵丹妙药，就叫底线。一旦女生试图用底线限制自恋狂的行为，他就会冷落她，甚至直接走人，去寻找下一个没有底线又能满足他"自恋供给"（Narcissistic Supply）的目标。他无法忍受他人的基本界限，也无法接受你的世界不是围绕着他转的。

如果你已经怀疑他是自恋狂，就说明他已经暴露出了非常多的危险信号，你要立刻离开。

6."渣男"

很多女生以为，想要与自己（尽快）发生关系的男人，就可以被定义为"渣男"。可是，在此，我不得不为大部分男人打抱不平：想和女生发生关系，只说明他是个正常的男人而已。

男人想要升级亲密关系是喜欢女生的表现之一，虽然只有这一个表现并不足够。对你感兴趣的男人总会试图升级亲密关系。因此，真正的"渣男"不是想要和女生发生关系的男人，而是和女生说想要恋爱，却只想发生关系的男人（并且在发生关系以后，人就不见了）。利用女生对恋爱的憧憬，骗取信任以满足自己的目标，为了得到你的身体而说他真的爱你，这才是真正"渣男"的首要特征。

所以，如何判断一个人是对你感兴趣还是只想玩玩？重点在于，在你拒绝过快的亲密邀请后，他是否继续努力追你、是否愿意适应你的节奏，还是感到麻烦，懒得继续投入时间和感情，并因此去寻找另一个更容易得到的目标。如果他选择了后者，恭喜你，成功淘汰了一个 Mr. Wrong。

为什么一些女生总是遇到"渣男"？

那些总是遇到"渣男"的女生可能会想："难道我

也很渣吗？是我哪里不好，还是我出了什么问题？为什么遇上渣男的总是我？"事实上，一个有魅力的女人本身就会吸引各种各样的男人，其中包括坏男人，当然也少不了好男人。可是，如果说很多女生都会遇到"渣男"，为什么只有一些女生总是被他们玩弄感情？

这并不是随机事件，总被"渣男"玩弄的女生与从不被"渣男"欺骗的女生之间，很大的区别之一就是前者会给"渣男"机会，而后者不会。

掌握不好恋爱节奏是被"渣男"玩弄的关键原因之一。她们总是爱得太快、太热烈，由于急于求成而有意忽视对方表现出的危险信号，在还不够了解的情况下，就给予对方完全的信任，第一时间就把自己的心和身体交付给他。从一开始就急于加速关系发展的女生，更容易进入Mr. Wrong的陷阱。摆脱他们的方法其实很简单，在本书中我们也格外强调过：慢慢发展，逐步投入感情。

这些年，我不知道遇到过多少个这样的案例：女生舍不得"渣男"，甚至在被"渣男"抛弃后，还想要挽回他们的关系。有一次，一个女生正是因为这个原因联系我。一个帅气的"渣男"骗了她几万块钱，可怕的是，知道真相后，她依旧舍不得离开他，因为"他实在太有魅力"……

看到"渣男"信号却一味纵容，自欺欺人地与他继续相处，在感情中"明知山有虎，偏向虎山行"，结果不会像武松打虎般威名大震，只会是羊入虎口般九死一生。

你要清楚，闪闪发光的不一定都是黄金。你要像珠宝鉴定师一样，懂得如何鉴定真伪、识别成色、划分等级。如果你总是忽视男人的赝品"渣"信号，那你会在一堆 Mr. Wrong 身上浪费时间。想尽快遇到你的"真命天子"，请尽快淘汰身边的"假命小人"。

戒"渣"比戒烟容易

说一千，道一万，最终总是会有一些女生问我这样一个问题："老师，可是渣男真的太有魅力了，我又能怎么办呢？"

答案很简单：控制自己。

科学家在自我控制范式中测试了鸽子、大鼠、绢毛猴、猕猴、卷尾猴、倭黑猩猩和黑猩猩。其中，鸽子表现得最缺乏自控力，[1]而大脑较大或饮食更复杂的动物则

1　Stevens, J. and Stephens, D. (2010). The Adaptive Nature of Impulsivity. Impulsivity. *The Behavioral and Neurological Science of Discounting*, pp.361-387.

具有更强的自我控制能力。[1]幸好，人类的大脑足够大，最起码我们比鸽子更具备自控的能力。无论你想避免被"渣男"利用，还是想练出马甲线，或是想拥有成功的事业，自控力都是必备要素。

心理学中著名的棉花糖实验展示了自控力的重要性。研究人员将一些4—5岁的儿童分别带到一个房间，让他们坐在椅子上，并在面前的桌子上放一个棉花糖。此时，研究人员和孩子说他会离开房间，并给他们两种选择：1.可以先不吃，等他15分钟后回来，就能获得两个棉花糖；2.如果不愿意等他回来就把它吃掉，那将无法获得第二个棉花糖。小朋友们被记录下来的反应十分有趣。他们有的立刻把棉花糖吃掉，有的特别痛苦地试图不吃，但最终还是忍不住把它吃掉，也有的一直等到研究人员回房间，并得到了两个棉花糖。那么，请你想一想，如果你是一个很爱吃棉花糖的小孩子，你会选择哪个？其实理性地看，如果你特别爱吃棉花糖，对自

1　MacLean, E., Hare, B., Nunn, C., Addessi, E., Amici, F., Anderson, R., Aureli, F., Baker, J., Bania, A., Barnard, A., Boogert, N., Brannon, E., Bray, E., Bray, J., Brent, L., Burkart, J., Call, J., Cantlon, J., Cheke, L., Clayton, N., … Zhao, Y. (2014). The evolution of self-control. *Proceedings of the National Academy of Sciences of the United States of America*, 111(20), pp.2140-2148.

己最有利的方案还是等待15分钟，因为这样就可以吃到两个。可是，你已经知道人类通常并不如此理性。选择等待并不容易，因为虽然它的收获更大，但没有选后者的短期收获快。

更有意思的是，学者进行了后续研究，并在多个领域跟踪了每个孩子的成长进度。他们发现那些懂得延迟满足而等待15分钟的小朋友，长大后通常有更好的人生表现，比如更好的成绩、更好的身体质量指数（BMI）、更低的药物滥用水平、对压力的更好反应等。他们通常比那些立刻吃掉棉花糖的孩子更成功。说白了，这一系列实验都证明，延迟满足的自控力对生活的成功至关重要。

面对有魅力的"渣男"，女生也有两种选择：1. 忽略对方的"渣男"信号，不顾理性的劝阻，被他的短期魅力诱惑，因此最终忍受被"渣男"欺骗和伤害的难过；2. 及时止损，无论对方多有魅力，在发现他是Mr. Wrong时，就毫不犹豫地淘汰他，找一个更靠谱的伴侣，最终拥有长期的幸福。

显而易见，后者才是更聪明的选择。不为了短期的欢愉忽略未来长期的痛苦，才能为自己做出最理智的决定和最好的选择。俗话说"每天吃一块饼干,远离悲伤,每天吃整罐饼干又会把悲伤带回来",为了长期的幸福,需要愿意放弃短期的诱惑。无论是幸福的感情、迷人的身材,还是升官发财,这个道理是通用的:管理好自己。

当然,如果一个人抽烟抽了几十年,仅仅和他说"请控制好自己,别再抽烟",恐怕不会特别有效。为了帮助自己彻底摆脱那些对自己不好的诱惑,比如"渣男",最好把"舍不得迷人的渣男"视为一个自己想要改掉的坏习惯。

如何改掉坏习惯?科学告诉我们要使它变得:没有吸引力(Unattractive)、不可见(Invisible)、困难(Difficult)以及不令人满意(Unsatisfying)。[1]

去除吸引力的负面联想法

为了让坏习惯变得对你毫无吸引力,你可以做的是将它与"痛苦"联想起来,而非"快乐"。与一个不合适的迷人伴侣在一起最初产生的刺激很有可能远远

---

[1] Clear, J. (2018). Atomic Habits. New York: Random House.

重要于与之在一起的潜在痛苦后果。可是，你要做的是先仔细地想象，不改变、任由自己这样下去的后果会多惨痛。

"抽烟太上瘾怎么办？"不妨仔细想想你以后因此患上癌症，不仅可能早亡，还可能花光家里的全部积蓄，孩子失去妈妈，老公也只能一个人过日子等画面。

"蛋糕太好吃怎么办？"不妨仔细想想如果每天吃蛋糕，一年后的自己是什么样子，想象一下你再也穿不进喜欢的衣服的场景，想象一下没有男人想要与这样的你相处的画面。

"渣男太有魅力怎么办？"想象一下你如果放心地将你的身心托付给他，结果会是什么样的。设想一下他毫不留情地离开后，你因为被利用而产生的愤怒和心碎到一蹶不振的样子，很有可能你的自尊心与自信心会受到严重的打击，这不仅会影响工作，还会破坏自己与其他人的人际关系。你可能会因此封闭自己，成为一个不再相信爱情、极度讨厌男人的女人，也因此错失了找到幸福爱情的机会。

对我而言，我几乎每天健身，已经坚持了很多年，我并不需要用意志力选择锻炼，就像不需要提醒自己每天都需要呼吸，锻炼身体已经变成自觉的行为，我十分享受。可是，从前的我并非如此。曾经有很长一段时间，我完全忽略了运动，因此身材和心态都不理想，又胖又缺乏自信。每当我照镜子，都对自己的状态感到非常不满意，我想象了继续放纵自己的后果，我不希望未来照镜子时看到的自己还是维持现状或更加糟糕，这不仅会成为我找到高价值伴侣的绊脚石，还会特别影响我的健康。

　　这些负面的画面给了我改变的动力，使我重新走上了运动之路，无论打雷下雨，也无论心情如何。如果有一天懒惰，不想去锻炼，我就会提醒自己不运动的后果。对我来说，这是一件很痛苦的事情。负面联想不仅改变了我的行动和状态，也使不健身成了一个于我而言毫无吸引力的习惯。

　　如果保持坏习惯能带来的快乐比改掉坏习惯所带来的快乐还要大，那人们就不会改掉坏习惯。请提醒自己拒绝"渣男"会为你的生活带来多少好处，所以，为了成功戒"渣"，请仔细想一想和"渣男"在一起的后果会多惨痛。

用系统[1]实现不可见、困难、不令人满意

吃掉那个蛋糕、抽完那根烟、被只有短期吸引力的人诱惑，这些都是最容易的选择，而选择拒绝这些诱惑，才是最难的部分。每个人都会面临难以自控的问题，我自己也不例外。

我很少买饼干、薯片和巧克力蛋糕回家。原因很简单：我太喜欢它们了。我了解自己，但凡家里有这些美食，我绝对会吃光它们（我也是有欲望的人好不好）。有意思的是，如果我自己不买，家里没有这些零食，我就不会想起吃零食，并且做到这一点毫不困难。但是，每当我去亲戚家时，他们总会拿出很多饼干、巧克力等零食来招待我，这个时候，我的自控能力就开始有些招架不住了。

人们的意志力通常十分有限，因此，我们不能仅凭意志力做到成功的自控。最好还是将诱惑你的恶习系统化——使它变得不可见、困难、不令人满意。

其实，我很早就发现了系统的力量。大概在5岁的时候，我有咬指甲的坏习惯，妈妈经常告诫我不要这

---

1 如果说目标是你想要达到的结果，系统就是让你实现结果的过程。

样做，但只靠她的提醒貌似效果不佳，我还是会忍不住经常咬指甲。因此，她想到了一个好办法——把大蒜的汁液擦在我的指甲上。过了一会儿，我已经全然忘了指甲上有大蒜汁，不由自主地咬了起来，然后一股恶心的味道涌上味蕾，我的整张脸拧成一团。妈妈在一旁看到我扭曲的面部表情哈哈大笑，5岁的我可并不觉得好玩。但不得不说，她的系统见效了，咬指甲开始变得"不令人满意"，让文森老师成为一个不咬指甲的成年人。

　　长大以后，我也有了一套自己的系统。你可以借鉴它来摆脱诱惑，当然，你也可以建立属于自己的系统。

　　我从不主动买那些诱惑我的甜品和零食，这样我就不会吃；每晚睡前整理好健身包，这样早上起床后就可以直接拿着它出发，不给自己拖延的借口；在写这本书时，为了不被手机分心，我会把手机锁到另外的房间，给自己制造专注的环境。如果手机在桌上，我会每几分钟查看一遍（哪怕没有通知也会看），可是如果把手机藏起来，连续4个小时不看它也很轻松。让坏习惯变得"不可见，也难以做到"，就是一个很有效的系统。

同样，如果对你来说，"渣男"的魅力很难抗拒，你也可以设置适合自己的系统。通过增加"摩擦力"（friction），让你更难做到想要避免的行为。比如一旦发现对方是"渣男"，你就不会再答应和他见面，或者你也可以选择删除他的联系方式，将他踢出你的生活，让"渣男"变成"无形的"，看不见他，诱惑就不复存在了。如果不这样做，他随时可以联系你，这就让你更难以抵抗，聊过天就想见面，见面就容易发生一些本不该发生的事情，然后他再一次让你伤心……

就像为了减肥，多接触一些有健康生活习惯的朋友总有帮助。为了戒"渣"，你也可以减少和那些总是与"渣男"在一起的朋友接触，多与那些感情幸福稳定的女生相处，从她们身上获取远离"渣男"的动力。

你也可以善用惩罚的力量来阻止你的某种行为。比如，我曾经为了不说脏话，每当不小心把脏话说出口，就必须给我爱人转钱以作惩罚。在制定这一惩罚后的头几天，我确实在不断地给她发红包，但一周之后，我基本上再也没有说过任何脏话。因此，你也可以与闺密达成这样的协议：当你没忍住联系"渣男"时，你就要交给她100元的罚款（或者其他你很想要避免的惩罚）。

另一个有效的系统是控制自己的交友环境。假如你总是在酒吧、夜店和社交软件认识男生，也许你可以考虑换一个更适合认识靠谱男人的环境，比如讲座、社交活动、相亲等。

总之，通过建立系统而避免那些会让你屈从于"渣男"诱惑的触发点。如果你摆脱诱惑有困难，就请为自己创造更容易掌控的系统。掌控自己的生活，而不是被生活掌控，掌握自己的感情，不让"渣男"有机可乘。

就像《奥德赛》中的奥德修斯成功克服了海妖的勾引一样，每个女人都可以成功摆脱"渣男"的诱惑。并且，你知道吗？奥德修斯也是运用了他的系统才成功做到了这一点。海妖的歌声甜美且危险，传说航海者们听到它美妙的歌声便会失去理智，掉到水里淹死。路过之人，无一幸免。因此，聪明的奥德修斯虽然对海妖的歌声很好奇，也没有贸然行事，而是命令手下所有海员以蜡封住双耳，然后将自己绑缚在桅杆上，并命令船员无论如何都不要解开绳子。当他们到达海妖的领地时，奥德修斯果然被歌声迷惑并要求船员松绑，但船员谨记他之前的命令并坚持执行，于是他们安全离开了海妖的领地。

没有这样一套系统，奥德修斯和他的船员很快就会被海妖迷惑，成为一堆尸骨。

但正是由于他采用了这样的系统，他们成了第一批成功从海妖的"死亡魔咒"中逃离出来的人。

"渣男"的魅力比海妖的诱惑要容易克服多了，戒"渣"也比戒烟更为容易。

改掉坏习惯还有一个十分关键的步骤：用其他方法或东西取代它。比如把吸烟变成咀嚼口香糖，用蓝莓取代高热量蛋糕，用跑步取代打游戏，用无醇啤酒取代烈酒，等等。那你要用什么取代Mr. Wrong呢？当然是用Mr. Right取代他。用靠谱的对象取代"渣男"，用有主观价值的男人取代只有客观价值的"花瓶"。

如果你耗费两年的时光在一个不给你承诺的Mr. Wrong身上，你就浪费了730天，加上你投入到下一段感情的时间，不知不觉就把你人生中的1000多天都扔到了感情的垃圾桶里。周而复始，怪不得Mr. Right不见了。

一寸光阴一寸金，所以，你要立刻收紧口袋，停止在Mr. Wrong身上浪费你的黄金。

第十五章
莫失良机,真命天子不会永远等着你
Don't Miss Mr. Right Looking for Mr. Perfect

好好珍惜你的Mr.Right

人生三大遗憾：不会选择；不坚持选择；不断地选择。——谚语

眼花缭乱效应：海里那么多鱼，要钓哪一条？

前一段时间，我想为家里添置一些新的咖啡杯，我爱人得知后，几乎翻遍了网购平台的每一个"咖啡杯"页面，遇到心仪的一个不落地点进去看产品介绍和买家评价，就这样"货比三千家"后，她终于选出了几个备选"冠军"，她给我展示她精挑细选的成果并问道："你觉得买哪一个好？"我看到第一个就说："还不错，就这个吧！"就这样，一秒钟就决定了。说实话，这并不是我在敷衍她，毕竟买杯子的主意是我出的。我是真的很满意，认为她筛选的杯子足够好，不需要浪费时间再看其他杯子。

也许你也遇到过类似的情况，比如和男朋友逛街买衣服，他直接奔向一家店的T恤区，快速看了几款，几分钟后就选好了衣服，假如他平时都穿L码，甚至连试穿都不用，拿起两件就去直接付款，而你可能要逛上一整个下午,也不一定能找到一件自己喜欢的。

当你想要买一个包包、选一份工作、找一个健身房或选一个男朋友的时候,你是如何做出这些决定和选择的呢?在决策风格方面,心理学家发现有两类人:最大化者(Maximizer)和满足者(Satisficer)。[1] 简单地说,最大化者愿意花费更多的时间和精力,在了解很多选项后,再选择自己认为最好的那一个。而满足者在遇到一个足够好的选择时,就不会再花费时间寻找下一个选项了。

这样看来,我和我爱人在做决定时的风格不同,一个是最大化者,另一个是满足者(最起码在买杯子的时候是这样)。那么,猜猜看到底哪种决策风格更容易令人获得幸福感?

研究发现,是满足者。[2] 因为他们更容易为自己做出的选择感到满意,之后也很少会为自己的决定感到懊恼。当选择增多时,最大化者的幸福感会受到很大打击,

---

[1] Simon, H. (1956). Rational choice and the structure of the environment. *Psychological Review*, 63(2), pp.129-138.

[2] Schwartz, B., Ward, A., Monterosso, J., Lyubomirsky, S., White, K. and Lehman, D. (2002). Maximizing versus satisficing: happiness is a matter of choice. *Journal of Personality and Social Psychology*, 83(5), pp.1178-1197.

因为更多的选择使他们怀疑自己没有做出最好的决定，从而产生各种各样的买家懊悔和焦虑，而满足者则会肯定自己的决定，哪怕做出的决定不是最佳的。

他还不错，但万一有更好的呢……

总是担心自己错过了什么，或者怀疑自己做出了错误的决定，这种心理现象叫作FOMO（Fear of Missing Out）——错失恐惧症。这种由患得患失带来的持续性焦虑的心情也称局外人困境，[1] 很有可能你也深受其影响。比如，在一个惬意的下午，你在家刷了刷手机的社交动态，发现一个同学在一个看起来很酷的派对玩，然后你的手指继续往下滑，发现另一个朋友在海边度假，发了很多好看的照片。原本在家很满足的自己在看到这些后开始懊悔，感觉自己好像错过了很多机会。一下子，快乐化为焦虑。[2]

现代社会中的人面临巨大的信息量和选择的余地，

---

[1] Dogan, V. (2019). Why Do People Experience the Fear of Missing Out (FoMO)? Exposing the Link Between the Self and the FoMO Through Self-Construal. *Journal of Cross-Cultural Psychology*, 50(4), pp.524-538.

[2] Barry, C. and Wong, M. (2020). Fear of missing out (FoMO): A generational phenomenon or an individual difference? *Journal of Social and Personal Relationships*, 37(12), pp.2952-2966.

因此，很多人在FOMO的笼罩下难以自拔。为了不错过机会而不拒绝任何邀约；为了不错过最新话题和动态而频繁地刷新社交网络；因为手机没电或不在身边而焦躁不安，担心错过重要信息……

在做出选择时，错失恐惧症也极容易左右人的思想。面临众多选择时，由于害怕错失最好的那一个，而无法决定最终选择什么。在恋爱中，担心自己已有的对象比不上还未认识的很容易使人不断寻找更好的而放弃已经拥有的（即使已经很好了）。当然，还未认识的人也并不一定比自己已经遇到的人好。这种与FOMO相关的现象叫作FOBO（Fear of a Better Option）——害怕有更好的选择综合征。[1]

感情中的最大化者一定要注意一个很危险的词汇：万一。他们的完美主义会使自己处于不满现状的深深怀疑和对未知期盼的想象之中，"哎，他是不错，但万一我还能找到更好的人呢"。"万一"和"可能"支配着大脑，因此很难投入在任何一个选择上，反而愿意继续寻找更多的可能性。他们在选择伴侣时总是优柔寡断，担

---

[1] McGinnis, P. (2020). *Fear of Missing Out: Practical Decision Making in a World of Overwhelming Choice*. Naperville:Sourcebook.

心世界上某个角落里总会有一个更好的人在等待着自己。如果一直无法摆脱对选择和决定的恐惧，总认为人外有人，就很难珍惜眼前（那个值得珍惜的）人，最终很有可能失去他。害怕错过更好的，结果一直在错过最合适的。

每个人都想要一个完美的白马王子，但实际上完美的人并不存在。所以，基本上全世界的每一个人都不得不作出一定的妥协。在选择一个不错的人选（不凑合）的同时，也不必因为对方不是世界上最好的人而失望。

当你已经找到一个很适合你的人，你们互相吸引、三观吻合，并且和他在一起你很幸福，就请好好珍惜他。虽然他不完美（请记得，你也不完美），你知道世界上总会有人比他成功，但他们可能不会像他一样体贴用心；总会有人比他帅气，但他们可能不像他一样忠诚靠谱；总会有人家庭条件更好，但不一定有他的家庭和睦幸福。如果只看单一条件，总会有人比他好，但把他所有的优点堆积起来，他就很有可能超越其他竞争者，成为你的最佳选择。

无论你是满足者还是最大化者，都不要幻想找到一个完美的人。你可以尽你所能找到最好的,但盲目追求完美的人最终只会空手而归。最幸福的人并不是拥有最好的一切的人,他们只是善于把拥有的一切变成最好的。

抢手错觉

有一次,我帮一个学员设计她的交友软件资料,她写了一段独特的自我介绍,展示了几张很有魅力的照片。结果,刚注册不到一周的时间,她的个人主页显示已经有2万个男人点过"喜欢她"。一周就有2万人!不可思议,太棒了是不是?不一定。

这里存在一个很大的问题,我把它叫作"抢手错觉"。

2万个男人在交友软件点过"喜欢"的按钮,并不代表她真的有2万个追求者,也不代表他们就是会愿意为她付出一切的男人。还记得机关枪策略吗?事实上,在使用交友软件时,很多男人会"喜欢"大部分女生,甚至有人会在看电视或与朋友聊天时,手指盲目惯性地右划浏览她们的资料,毕竟"喜欢"越多的女生资料,越有可能会与某个女生成功配对。他们"喜欢"1000个女生,但可能只会和其中的10个聊天,而这10个中可能只有1个愿意与他们见面。所以，一个星期被2万个男人"喜欢"并不能说明什么。但是，在使用交友软件时，许多女生很容易感受到众星捧月的感觉，这不仅会点燃她们的自尊心，还会让她们产生"抢手错觉"——她们误认为有非常多的优质选手可供选择，所以始终保持观望。万一这2万人中还有更好的呢？或者，下一周可能会有5万人喜欢我，一定会有更好的吧……

其实，更大的选择范围并不一定带来对决策结果更高的满意度。相反，选择太多实际上可能会降低我们享受和欣赏拥有之物的能力。[1]

如果你目前没有遇到合适的人，那毫无疑问要继续寻找，这没问题。可是一旦你遇到了合适的人，别因为"抢手错觉"和FOBO不小心错失良缘。

货比三家可以，因为遇到的第一个好男人不一定最适合你，但不要货比三千家，要不然很可能当你终于意识到原来的产品有多好时，却发现它早就被一抢而空了。

---

[1] Schwartz, B. (2004). *The Paradox of Choice: Why More is Less*. New York: Harper Perennial.

灵魂伴侣困境（The Soulmate Dilemma）

中国有一句俗语叫"千里姻缘一线牵"，在古代神话故事中，男女之间的姻缘是早早就注定的，月下老人把有缘的二人牵上红线，此生便注定要在一起了。

在西班牙语中，灵魂伴侣叫作"Media Naranja"——半个橙子。每次我与中国朋友说起这个概念，他们都很好奇，为什么会这样形容？其实，这个说法起源于柏拉图的《会饮篇》。在这部著作中，阿里斯托芬（Aristophanes）讲述了一个神话故事：最早的人类本是雌雄同体，有四只胳膊、四条腿和两个脑袋，他们可以真正做到眼观六路、耳听八方，前后左右都能够顾及得到。人类企图打开一条通天之路，于是开始与诸神交战，却不幸得罪了众神之父宙斯。于是，他把所有人类都从中劈成两半，于是就有了人类现在的样子——一个头、两只手、两条腿。从此以后，人类必须依赖自己的另外一半，才能像原来一样同时看到前后左右。他们就像一个被切开的橙子，只有把两半橙子合起来，才算完整。因此，在西班牙，人们就用"半个橙子"来比喻自己的另一半。

曾经有一个同学这样问我：对的人会不会错过？还

是会错过的就不是对的人?

其实,很多人正是这样看待灵魂伴侣的——世界上有且仅有一个人,是自己命中注定的完美另一半,只有他的手里拿着你的红线。就像完美拼凑在一起的两半橙子,如果你找不到他,或者错过他,那你就无法拥有真爱。浪漫传说之外,让我们一起理性地想一下这些问题:难道世界上只有一个适合你的人能成为你的灵魂伴侣吗?难道我们只能真正地爱一次吗?错过一个你爱过的人,就不再能找到爱情吗?真爱的数量有限吗?

《欲望都市》中的夏洛特是这么认为的:

夏洛特:大家都知道每个人一生中只有两个挚爱。

米兰达:大家是谁?你从哪儿听来的?

夏洛特:我在杂志上看到的。

米兰达:什么杂志?"方便理论月刊"?

关于真爱这件事,每个闺密、每本杂志、每个独立的个体都会有自己的一套理论,但不一定是正确的。

其实,人们对于灵魂伴侣普遍持有两种不同的心态:

宿命信念（Destiny Beliefs）以及成长信念（Growth Beliefs）。[1] 抱有宿命信念的人，相信在70亿人中，只有一个人是自己命中注定的那一个，也认为关系的成功与否取决于是否与这个人在一起，而拥有成长信念的人却相信美好的爱情是通过双方的共同成长实现的，灵魂伴侣是日久生情的产物。[2]

研究表明，具有宿命信念的人不太愿意在关系中付出努力。因为他们对伴侣和关系的看法非常固定，对于灵魂伴侣的标准也过于理想化，所以一旦关系出现矛盾或发现对方的不足之处，他们就会陷入深深的失望，担忧自己是否选错了人、怀疑对方不是真正的"对的人"。[3] 他们眼中理想的爱情泡沫幻灭，又准备重新走上寻找完美真爱的道路。可想而知，持有宿命心态的人通常感情不顺利，更容易分手和放弃一段关系。

而拥有成长信念的人往往更能集中精力于如何让关

---

[1] Knee, C., Nanayakkara, A., Vietor, N., Neighbors, C. and Patrick, H. (2001). Implicit Theories of Relationships: Who Cares if Romantic Partners Are Less than Ideal? *Personality and Social Psychology Bulletin*, 27(7), pp.808-819.

[2] Franiuk, R., Pomerantz, E. and Cohen, D. (2004). The causal role of theories of relationships: consequences for satisfaction and cognitive strategies. *Personality and Social Psychology Bulletin*, 30(11), pp.1494-1507.

[3] Lee, S. and Schwarz, N. (2014). Framing love: When it hurts to think we were made for each other. *Journal of Experimental Social Psychology*, 54, pp.61-67.

系变得更好，能够包容与接纳彼此的优缺点，也能更加积极主动地努力成为一个更好的伴侣。当感情出现问题时，他们以解决方法为导向，试图解决矛盾、克服挑战。他们知道，拥有美好的爱情不取决于能否找到一个完美的伴侣，而是与一个合适的人发展和加强感情，通过彼此的磨合，创造属于自己的灵魂伴侣。[1]

与一个自己不喜欢的人培养感情是很难做到的事情，我也不建议你这样做。但是，和一个合适（虽然不完美）的人、一个客观价值不差且主观价值很高的人培养感情是一个很值得参考的幸福策略。

从合适到灵魂伴侣只差"培养"，相互契合的真爱缺乏的只是两个人的努力。所以，面对"灵魂伴侣困境"，我的解决方案是，尽全力筛选出最适合你的人（Mr. Right For You），然后好好经营你们的感情，成为彼此的灵魂伴侣。

亚里士多德说，爱情是两个身体里居住着同一个灵魂。如果与合适的另一半携手，共同成长，彼此磨

---

[1] Knee, C., Nanayakkara, A., Vietor, N., Neighbors, C. and Patrick, H. (2001). Implicit Theories of Relationships: Who Cares if Romantic Partners Are Less than Ideal? *Personality and Social Psychology Bulletin,* 27(7), pp.808-819.

合，互相帮助与支持，互相了解与进步，一起努力让感情茁壮成长，你们将会感受到，你们貌似分享着同一个灵魂。于是你们成了彼此的灵魂伴侣。缘分让你们相遇，但更重要的是，你们创造了自己的美妙爱情。

无论多神奇的缘分让你们相遇，无论你们多谈得来，长久的爱情总会面临各种各样的挑战。所以，一旦感情出现矛盾，千万不要认为他不是对的人，而要抱有成长信念，一起努力让你们的爱情趋向完美。

填满爱情的杯子

虽然半个橙子的说法很可爱，神话传说也很有意思，但我们不能轻易地认为，没有另一半我们就存在缺陷。单身从不是一件羞耻的事情，相反只是一种状态。每个人在找到自己的另一半前都曾单身过，你我都不例外。没有必要厌倦单身的状态，也没有必要为了尽快摆脱这一状态而随便找个人成家。

尽管"你使我完整"很浪漫，但事实上，人不是一个空杯，需要另一个人的加入才能填满自己。真正好的爱情，是两个完整的人、两个装满的杯子，带着各自的灵魂联手填满第三个杯子——爱情的杯子。没有另一半，你的生活依然很精彩，只是两个人分享美好的生活比起一个人的生活更有乐趣和意义。有一个可以彼此信任、互相帮助、共同成长、同甘共苦、一起克服挑战的另一半，比起自己一个人面对世间的琐碎要好得多。两个脑子总比一个更机灵敏捷，四个眼睛也总比两个能更看清万物。

再有独立性的人，也需要他人相伴。单身久了，人们都会想要与一个特别的人分享生活的点点滴滴，就像心灵在呐喊："找对象的时刻到了。"这源自人类的天性。食物、水、空气、睡眠、住宿，这些都属于马斯洛需求层次理论的第一级和第二级，也就是生理需求及安全需求。但人活着不单需要食物，也需要爱。

马斯洛需求层次理论的第三级就属于情感需求——归属和爱的需求。人人都希望得到爱、希望自己有能力爱别人，也渴望接受别人对自己的爱。如果情感需求无法得到满足，人就容易不快乐。无论其他方面多么顺利，如果没有爱或归属感，人们就容易感到孤独、自卑、焦虑和抑郁等。[1]

---

[1] Floyd, K. (2014). Relational and health correlates of affection deprivation. *Western Journal of Communication*, 78, pp.383-403.

人是一种社会性动物，我们需要与他人的身体及情感产生纽带和连接。[1]人与人的身体接触很重要，如果小时候缺乏与他人的身体接触，大脑就无法正常发育。20世纪初，美国和英国孤儿院以及医院的孤儿死亡率很高，有的甚至接近100%。[2] 侥幸存活下来的孤儿，也大概率患有心理和行为障碍。[3] 这些孤儿并不缺乏食物，也享有健全的医疗保护，夺走他们生命的不是饥饿和疾病，而是爱和触摸的缺乏。没有爱，我们也将像独处的婴儿一般，停止成长，停止发展。[4] 甚至还有研究指出，缺乏这些情感连接与每天抽烟造成的死亡风险不相上下。[5] 找到适合自己的另一半橙子，能使你更加健康和幸福，这也是你在读这本书的原因之一。

要知道，在这个世界上，真正与你相契合的人不仅仅只有一个，如果错过一个你以为命中注定会在一起的

---

[1] Baumeister, R. and Leary, M. (1995). The need to belong: Desire for interpersonal attachments as a fundamental human motivation. *Psychological Bulletin*, 117, pp.497-529.

[2] Spitz, R. (1949). The Role of Ecological Factors in Emotional Development in Infancy. *Child Development*, 20(3), pp.145-155.

[3] Frank, D., Klass, P., Earls, F. and Eisenberg, L. (1996). Infants and young children in orphanages: One view from pediatrics and child psychiatry. *Pediatrics*, 97(4), pp.569-578.

[4] Lieberman, M. (2013). *Social: Why our brains are wired to connect*. New York: Random House.

[5] Holt-Lunstad, J., Smith, T. and Layton, J. (2010). Social relationships and mortality risk: a meta-analytic review. *PLoS medicine*, 7(7).

灵魂伴侣，你依旧可以找到真爱。只不过，虽然合适的人很多，但找到真爱的机会是有限的。

道理很简单：我们的时间和能量是有限的，因此，我们能爱上的人也有限。真正爱上一个人，然后失去他，需要时间恢复，而这个时间因人而异，有的人可以迅速恢复，一年甚至不到一年的时间，就可以重新投入到一段新的感情中，但有的人则需要更长的时间恢复，甚至永远无法恢复。

我的一个学员，32岁，她找到我的时候已经单身了8年多，她在24岁时经历的那一场分手中遭受了重大的打击，使她失去了重新去爱的信心和动力。8年后，她才鼓起勇气尝试走出这段阴霾，拥有了一个对她很好的男朋友。不过，不是所有故事都有如此美好的结局。我发小儿的哥哥Manuel已经50岁有余，始终孤身一人。据说，在他25岁的时候有过一段轰轰烈烈却没有好结果的感情。在遭到对方的背叛与欺骗后，他的内心受了重伤，再也不敢相信爱情。直到现在他依旧单身，再也没有谈过一个女朋友。

适合你的人多得很，但是爱情的机会有限，如果你的内心很脆弱，像Manuel一样，机会甚至少上加少。

因此，在本书中，我一而再，再而三地强调选对人的重要性。

即使海里有很多鱼，你也没有无限次钓鱼的机会。要先选好目标，然后才能钓上理想的鱼，越早找到合适的人越好。人可以犯错，但不能一直犯错。

当你遇到合适的人，请好好珍惜他。莫失良机，真命天子不会永远等着你。

好好谈恋爱

是的，不好的爱情可以很糟糕，也许你曾经受过伤、分过手、被"渣男"玩弄过，但这些经历已经属于过去。好消息是，你的过去并不决定你的未来。你未来生活幸福与否，是由你来决定的。

无论过去的感情生活如何，读完这本书，相信你已经得到了不止一个改变一生的想法，但请别忘记将它们运用到自己的感情生活当中。

好好谈恋爱并不是难事，从现在开始，着重培养你的长期吸引力，在爱情中加一点理性，从过往的错误中学习，掌握爱情的博弈之道，开始设定你的底线，别憎恨男人，但同时别让不对的人浪费你的时间，好好筛选，别忽视对方的主观价值，在一个也为你付出的人身上付出感情。

感谢你读完了这本书，接下来，就请好好谈恋爱吧。

BE GREAT

文森

温馨提示

　　如果你想学习更多更为具体的内容，比如，如何脱单，如何吸引男人，如何与男人聊天，如何提高情商，如何挽回爱情等恋爱技巧，我的线上恋爱课堂中有50多个小时的系列课程干货。

　　为了感谢你用心读完这本书，我想请你免费试听。

　　请关注文森老师公众号（ID: AskVincent），点击菜单栏的"恋爱课程"就可以免费试听所有系列课程。

学员评价

1. "男人和女人有着完全不同的思维方式",这是我接触文森老师的课程后最深刻的认识。他教给我们特别多实用的方法,可以从本质上了解男性。回想起来,过去我在爱情上的失败,本质上就是因为不了解男性,甚至不了解自己。虽然一开始我向他学习是抱着提升经营两性关系的目的,但我更喜欢课程中那些丰富且实用的自我提升的方法。现在我当然也会出于好奇和对过去恋情的复盘心理想要继续了解男人,但是更多的是爱上了修炼自己的感觉,体验着每一天都变成更好的自己的感觉,试着越来越爱自己,接受自己不完美但是独特的样子。

——学员包子

2. 看了文森老师的视频,我对男性的行为和心理有了更多的了解。但更多的是,我从视频中得到了更多尝试的勇气，更勇敢地相信爱、追逐爱。

——学员木木

3.我在单身被家人催婚的郁闷时刻，偶然遇到了文森老师，他的课程浅显易懂且富有正能量。在和文森学习的过程中，我认真学习了化妆穿搭，有了自己的兴趣爱好，包括工作能力方面也有了提升，精神面貌完全焕然一新。我开始越来越相信，想要变得更好的人最终一定能活成自己想要的模样。

——学员果子

4.我38岁，已经离婚好几年，之后交过男朋友，可是没能长期持续我们的关系。之后，我接触到文森老师的视频，意识到了一个非常重要的点，即原来男人和女人处事的模式是截然不同的。我学习了老师的好几套系列课程，有空时就反复地听，真的让我感受到自己在各个方面开始逐渐蜕变。谢谢老师！

——学员宵

5.一月份的时候我失恋了，男朋友离开了我，我学习了文森老师的挽回爱情计划课程，课程中温暖的力量安抚了我的心。我开始冷静下来，跟着科学的步骤一步一步地走，最终让离开我的男朋友主动和我复合！我觉得老师的方法真的好神奇！接着，我又学习了魅力女神课程，了解了怎么把"那枚钻戒"拿到手，十月我就被求婚了！我真的很迫不及待地想告诉大家，现在我已经和最爱的他组建了幸福的家庭！真的很感谢文森老师，他带我走出了人生中最迷茫的阶段。他课程中的干货和他的表达方式、背景音乐都能让人静下来沉思，希望老师可以继续帮助更多需要帮助的姐妹。

——学员 Sofia

6.后悔没有早点发现文森老师这样的纯干货类情感专家，不会经营感情的结果真的很惨。正确的两性关系真的很需要学习和探索，文森老师的视频会更好地教你经营感情，树立正确的爱情价值观。一个女人如果不懂男性思维，只会让感情越来越糟，早点学习会少走很多弯路，文森老师棒棒哒！

——学员 JIN-WOOD

7.我被文森老师的一个小视频吸引了,他用流利的中文来辅导中国女生的恋爱婚姻,帮助女性少走弯路,真是太棒了!我都巴不得终身请文森老师做 婚姻顾问!他结合中国人的特点,用通俗易懂的例子来讲解科学的两性心理知识,真的是人人都应该来 学习的婚姻之道。感恩遇见文森老师。

——学员姚歆

8.文森老师用简单明了的语言,揭秘了两性之间情感交流的深层次心理法则和实操方法,教会我们女人如何更懂男人,如何成为生活中真正具有内外兼修的美丽、优雅、聪慧的高情商女神!感谢文森老师出现在我的生命中,他宛如一盏明灯,照亮了我情感生活中的黑暗。让我发挥心灵深处的能量,给我信心和智慧,让我体会到了文森老师所说的那个"看到真理就顿悟"的两性情感关系中的内在智慧,让我能够充满信心地在未来的每一天遇见那个最好的自己!

——学员美云

9.文森老师真的是一位有才、认真、又幽默的情感导师。说实话，我觉得我们真的太需要您这样的情感导师了！文森老师的课程让人成长，特别是女人，女人的成长可以影响一个家庭。在我心目中您是有着特殊使命的情感天使，带着我们向着美好的情感世界不断探索，不断前进。再次感谢您的辛勤付出！

——学员我不是黄蓉

10.我参加文森老师的"30天女神训练营"后，开始建立了非常好的生活习惯，并且坚持了下来。我至今已经连续280天日行一万步以上，风雨无阻。我也更加了解男人的心理，不再害怕展现出自己在外貌和性格上的优势。我相信只要坚持下去，就能遇到和我契合的伴侣。谢谢文森老师！

——学员寸土言心

11.文森老师为我们提供了非常实用的恋爱指南，引导女生提升自身价值，内外兼修，把握长久的真爱。强烈推荐。

——学员紫月幽幽

12.文森是我能遇到我先生的背后"军师"。

——学员木头

13.文森老师的情商课专业又通俗易懂,是我在看过很多心理学的书籍后,在网络中精心挑选出来的。当你有情感困惑的时候,听听老师的课会受益匪浅!

——学员Anna

14.文森老师的课程就像讲解如何打牌,他把牌一张一张怎么出、什么时候出,都很耐心地为我们讲清楚,让我们手里的每一张牌的作用都发挥到极致,绝不浪费。

——学员莉莎

15.26岁的我曾是一个恋爱"小白",一个有着自卑心理的情感"傻白甜",因此也总是被"渣男"伤害。后来,我关注了文森老师,他在视频中总是强调我们是"高价值女神",这给了我很大的力量。我学会了哪些是维系恋爱关系中该做的事,无论是在爱情还是在两性情感关系中,我都能够掌握自己的决定权,也可以自由选择自己想要的爱情。目前27岁的我,再也不会被"渣男"伤害了,和文森老师学习的过程让我成长不少,教会了我如何真正做一个成熟的成年人。非常感谢文森老师的用心教学!

——学员祝蕾

16.刚接触文森老师的视频和课程时,我还是一个凡事以男人为中心,在感情中委曲求全的"恋爱脑"女孩,最后这段恋情以被劈腿告终。但在此后的三年,文森老师的课程以及和女神群友们的交流让我知道了提升自己有多重要。那之后的我开始每天运动、护肤、努力读书,有空时学习两性相处和与自我相处之道,收获颇多。如今我也考上了一个重点大学的研究生院,身材窈窕,皮肤也好多了。更开心的是,我找到了我的Mr. Right。他十分优秀,待我也很好,我们在一起时都是互相滋养成长的状态。就冲这些,真的非常感谢文森老师。他是优秀亲切可爱又帅气的老师!

——学员昕昕

17.文森老师的课很多时候都是在讲女生如何实现

自我价值的提升,但同时也在两性关系中提出有效理论跟实践指导,使得在提升自我魅力的同时也能吸引更多"优质"的人与事来参与自己的人生派对。

——学员あおい

北京市版权局著作权合同登记号　图字：01-2022-2615

图书在版编目(CIP)数据

好好谈恋爱：让他爱上你的15个秘诀/（西）文森著.—北京：中国法制出版社，2022.7（2022.8重印）

ISBN 978-7-5216-2727-5

Ⅰ.①好…　Ⅱ.①文…　Ⅲ.①恋爱心理学—通俗读物　Ⅳ.①C913.1-49

中国版本图书馆CIP数据核字（2022）第102132号

策划编辑：陈晓冉

责任编辑：刘冰清　　　　　　　　　　　　　　　封面设计：汪要军

好好谈恋爱：让他爱上你的15个秘诀

HAOHAO TANLIAN'AI: RANG TA AISHANG NI DE 15 GE MIJUE

著者/（西）文森

经销/新华书店

印刷/北京虎彩文化传播有限公司

开本/880毫米×1230毫米　32开　　　　　　　印张/9.75　字数/145千

版次/2022年7月第1版　　　　　　　　　　　2022年8月第2次印刷

中国法制出版社出版

书号 ISBN 978-7-5216-2727-5　　　　　　　　　　定价：49.80元

北京市西城区西便门西里甲16号西便门办公区

邮政编码：100053　　　　　　　　　　　　　　传真：010-63141600

网址：http://www.zgfzs.com　　　　　　　　　编辑部电话：010-63141837

市场营销部电话：010-63141612　　　　　　　印务部电话：010-63141606

（如有印装质量问题，请与本社印务部联系。）